U0924151

汇通天下

主编 刘建生
副主编 刘成虎

燕红忠 马建华 编著

山西出版传媒集团 山西教育出版社

图书在版编目（CIP）数据

汇通天下 / 刘建生主编. — 太原 ：山西教育出版社，2021.5（2024.9 重印）

（晋商五百年）

ISBN 978-7-5703-1498-0

Ⅰ. ①汇… Ⅱ. ①刘… Ⅲ. ①晋商—史料 Ⅳ. ①F729

中国版本图书馆 CIP 数据核字（2021）第 068206 号

晋商五百年 · 汇通天下

JINSHANG WUBAI NIAN · HUITONG TIANXIA

出 版 人　李　飞
责任编辑　孙　宇
复　　审　李梦燕
终　　审　杨　文
装帧设计　薛　菲　刘志斌
内文排版　李　珍
印装监制　赵　群
图片统筹　刘志斌
摄　　影　薛　菲　王永伟　刘志斌　梁　铭　荣　浪等

特别鸣谢　北京晋商博物馆
支持单位　北京晋商博物馆　山西省博物院　太原晋商博物馆　山西财经大学晋商博物馆

出版发行　山西出版传媒集团 · 山西教育出版社
（地址：太原市水西门街馒头巷 7 号　电话：0351-4729801　邮编：030002）
印　　刷　山西印美文化科技有限公司
印　　次　2021 年 5 月第 1 版　2024 年 9 月第 3 次印刷
开　　本　787×1092　1/16
印　　张　10.75
字　　数　154 千字
书　　号　ISBN　978-7-5703-1498-0
定　　价　29.80 元

康熙皇帝说："今朕行历吴越州郡，察其市肆贸迁多系晋省之人，而土著者盖寡。"

——《清实录》康熙二十八年二月乙卯条

● ● ● ● ● ●

山西巡抚刘于义上奏说："山右积习，重利之念，甚于重名。子弟之俊秀者，多入贸易一途，其次宁为胥吏。至中材以下，方使之读书应试。"雍正帝在其奏疏上"朱批"："山右大约商贾居首，其次者犹肯力农，再次者谋入营伍，最下者方令读书。朕所悉知。"

——《雍正朱批谕旨》，第四十七册，雍正二年五月十二日朱批

● ● ● ● ● ●

在海外十余年， 对于外人批评吾国商业能力，常无辞以对，独至有历史、有基础、能继续发达之山西商业，鄙人常以自夸于世界人之前。

——梁启超《在山西票商欢迎会演说词》，1912年

● ● ● ● ● ●

平阳、泽、潞豪商大贾甲天下，非数十万不称富。

——王士性《广志绎》

● ● ● ● ● ●

富室之称雄者，江南则推新安，江北则推山右。

——谢肇淛《五杂组》

● ● ● ● ● ●

山右巨商，所立票号，法至精密，人尤敦朴，信用最著。

——《清朝文献通考》，卷十八

1888年，英国汇丰银行一位经理甫将离开中国时，对山西票号、钱庄经营人有过这样一段评论："我不知道我能相信世界上任何地方的人像我相信中国商人或钱庄经营人那样快……这25年来，汇丰银行与上海的中国人作了大宗交易，数目达几亿两之巨，但我们从没有遇到一个骗人的中国人。"

——渠绍淼《晋商兴盛溯源》

· · · · · ·

中国商贾夙称山陕，山陕人智术不能望江浙，其推算不能及江西湖广，而世守商贾之业，唯其心朴而实也。

——清代外交家、首任驻英公使郭嵩焘

· · · · · ·

霭龄坐在一顶十六个农民抬着的轿子里，孔祥熙则骑着马，但是，使这位新娘更为吃惊的是，在这次艰苦的旅行结束时，她发现了一种前所未闻的最奢侈的生活。因为一些重要的银行家住在太谷，所以这里常常被称为"中国的华尔街"。

——罗比·尤恩森《宋氏三姐妹》

· · · · · ·

在上一世纪（**19世纪——编者注**）乃至以前相当长的一个时期内，中国最富有的省份不是我们现在可以想象的那些地区，而竟然是山西！直到本世纪（**20世纪——编者注**）初，山西，仍是中国堂而皇之的金融贸易中心。北京、上海、广州、武汉等城市里那些比较像样的金融机构，最高总部大抵都在山西平遥县和太谷县几条寻常的街道间，这些大城市只不过是腰缠万贯的山西商人小试身手的码头而已。

——余秋雨《抱愧山西》

未曾消逝的风华
（代序）

三晋大地是孕育中华民族的热土。距今180余万年前，山西匼河西侯度出现了迄今为止在中国发现的最早的人类。许家窑、丁村、峙峪、北撖……山西几乎保留了旧、新石器时代不同阶段的所有遗存。从那时起，山西曾一度是中华文明的代表。

隋代，雄踞太原的李渊成为天朝大国新的主宰，太原也因此成为大唐帝国的北都。唐代的三晋是一个文化昌达、名人辈出的地方，王维、柳宗元、狄仁杰、河东裴氏……一个个镌刻在青史上的名字，推动着唐代文化登峰造极。当鼎盛的铅华在四起的狼烟中悄然褪尽，宋太宗的铁骑踏过黄河，刘汉王朝灰飞烟灭之后，连年的战火、无休止的争斗，李唐盛极一时的河东文化似乎真的随着太原城那场人为的大火飘零没落了。

有人说，唐代以后的山西乏善可陈，科考不利、文化名人匮乏，山西的文化凋落了，但很少有人注意到，在时代变革、文化演进的浪潮中，山西扬弃旧腐、推陈出新的地域文化特征和独特的文化变迁方式。17世纪以降，在风云诡谲的世界形势中，经济实力成为决定国家兴衰至为重要的因素。当西方凭借坚船利炮不断开拓世界市场、中国依然沉浸在义利之辩中无法自拔时，被梁启超先生“常以自夸于世界人之前”的那些“胡服辮发”的山西商人又一次成为引领时代潮流的群体……时任德国柏林大学校长的李希霍芬男爵曾评价说，山西人“具有卓越的商才和大企业精神，有无比优越的计算智能，有发达的数字意识和金融才华”，因此“中国人好比犹太人，而山西人更像犹太人”。

晋商从默默无闻的引车卖浆者逐渐发展成为“非数十万不称富”的豪商巨贾，纵横捭阖五百余载，足迹遍及大江南北。他们凭着敢为天下先的精神，利用国家政策，抓住历史机遇。他们栉风沐雨，远渡重洋，北至西伯利亚、伊尔库茨克，南抵香港、加尔各答，东到神户、大阪、横滨、仁川，西涉喀什噶尔、塔尔巴哈台，业务涉及盐、茶、粮食、布匹、典当、票号等诸多行业，以独具特色的经商理念与经营艺术，创造了一个个令世人瞩目的商业奇迹。我们山西大学晋商学研究所同仁曾循着晋商的足迹赴东瀛，到欧美，北上恰克图、海参崴收集相关史料。大家无不为昔日晋商“劈开万顷波涛，踏破千里荒漠”的那种艰苦创业、百折不挠的精神所折服。尽管晋商在清末战乱中逐步走向衰败，商业和金融业态的转变使之无法承担起信用制度变迁所带来的庞大交易费用，但他们并没有化作历史的尘埃随风飘逝，其遗留下来的丰富的物质和精神遗产，至今依然影响着我们。

站在平遥、太谷、祁县等古老县城的街道，放眼望去，掩映在夕阳余晖中的是一座座明清晋商的豪宅大院、孕育着郁郁生机的老街，还有那商号店铺的门帘随着进进出出的人们不停地摆动，像少女头饰上随风摇曳的流苏。熙攘而恬静，喧嚣而自然，建筑和人交相融合，很容易让人产生时间上的错觉。思绪的穿越，把我们带回到清代，街面上此起彼伏的吆喝声、票号柜台上眼镜戴在鼻尖上的掌柜、镶满铁钉的大门、被缰绳磨得发亮的花岗石拴马桩……使我们抑制不住钩沉旧事的冲动。

每处遗存都有着自己的故事，每件古物都有着鲜为人知的传说。发现故事讲给世人听，是三晋学人义不容辞的责任。因此，我们会集山西大学晋商学研究所以及经济、历史、教育、体育等学科从事晋商研究的多位学者，捃摭多年研究成果，从晋商盐帮、茶商、典当、票号、镖局、会馆、家族、大院、教育，以及走西口、粮油故道、保晋公司等入手，通过点滴历史事件，深入浅出，图文并茂，向读者展示明清晋商的不同侧面，以期雅俗共赏，弘扬中国传统商业文化。

于山西大学晋商学研究所

目录 MULU

前 言

观览深宅大院，漫步古城街道，凭高眺望，遥感古城大院所折射出的盛衰变迁。汇通天下的山西票号成就了晋商的辉煌千古伟业。

一纸信票，行将千里烟波，万里雪山，指点江山，风起云涌。万事之举，虽遥遥万里，却犹在咫尺之间，转运亨通，接济流通，以逸待劳，裨益于国计民生。票号在中国早期的银行业发展以及经济发展中起到了举足轻重的作用，被称为“中国银行业的乡下祖父”，而这些金融中心汇集之地也被称为“中国的华尔街”。那一本本泛黄、残缺的票号账册，一枚枚渗透了印泥的票号权威信物——印章，一个个磨损了的算盘，都是最好的见证。

抚旧物，数点账簿，犹见票号先祖，驰骋江河，漫步云端，豪气贯九霄。水阔鱼沉万象机，万叶千声皆是宝，寻常巷陌觅商机，借着东风上玉阶。相机筹划，创业于四海之内外，创下这丰功伟业。试问朗朗乾坤，有哪一处没有票号的汇通天下，信达五洲，誉满四海。清末，票号繁盛期，在标期到来之际，太谷县城曾一度变成银子的海洋。各大票号中连伙计们睡觉的炕上都堆放着金、银元宝。各家银炉昼夜开工，各种成色不等的银子要在太谷银炉中重新熔铸，成色要达到998，并加盖“周行镜宝”的钢印，流行全国。1937年，我国著名女作家陈衡哲去了一次太谷，曾观感，在一两百年前，山西是北中国的银窖，太谷便是山西的银窖。

忆当年，为争票号顶身股，才俊少年别亲人，年年乘犛四奔波，傍枯林古道，踏关外雪痕，长河饮马，寒江天外。在外经商者的最大抱负莫过于衣锦还乡，可商海坎坷，能成功者毕竟是少数。一事无成者，碍于自尊，多无勇气重返故里，只能对看潇潇暮雨洒客乡。是处春色满园，不忍登高望远。望故乡渺茫，叹年来踪迹，何事苦滞留？家人的日夜思念，仅凭偶尔经同乡捎回的平安信，稍稍抚慰一下心头愁绪，但过不了多久，又会被遥遥无期的等待所淹没。忆佳人，寒窑孤灯，借月凝望，远鸡啼叫，叹年少光阴虚度，空悲切。怎知我，男儿心中存四海，衣带渐宽终不悔，为伊消得人憔悴。

最可惜，一片江山，总付与啼鴂。怎奈何，繁华渐随流水，算盘声断，印章渐减。雨横风狂扫万物，哪堪片片红叶随风引，残雨濛濛罩晚晴。庭院深深深几许？前方重镇信来报，帘幕重重堆遮蔽，恁凭栏远望，望不尽，悠悠古城，苍茫天际。掩门谢客，落得泪眼问花花不语，乱红飞过秋千去。

第一章

芸芸众口议起源
一锤定音道光初

人类货币的形式，是从最初的贝壳，到金银成为一般等价物。而当金银在携带、储存等方面受到限制的时候，一种暂时的、小范围的、区域性的货币等价物就应运而生，以适应人们日常生产、生活对货物交换媒介的需求。到了明清之际，随着商业活动的日益频繁和贸易规模的逐步扩大，一种从事异地汇兑的票据开始在生产、生活中得到应用。山西的一些资本拥有者就顺水推舟，顺应时代之要求，创立了山西票号。

票号，作为中国金融发展历程中的一朵奇葩，吸引了众多瞻仰者的观摩，也赚足了世人的眼球。今人在观览其遗留和保存下来的印证其辉煌历史的件件实物和处处遗迹时，心底总会荡漾起阵阵感叹和惊讶，头脑里也会不由自主地画上一个实实的问号——如此奇迹和辉煌到底起源于何时？先人的伟大创举到底经历了一个怎样的演变和延续，才能在之后有了如此恢宏的成就？带着这些满满的疑问，让我们翻阅票号那段短暂而辉煌的历史，去追寻前人的脚步，来探究和了解这一“奇迹”的诞生和起源。

第一节　传说演绎　万象凸现

历史上的研究者对于山西票号的起源，众说纷纭，各执己见，一直未达成统一的结论。起讫年代，远至隋唐，近达清中叶，前后相差 1 200 多年。说法依据，既有推测臆断，也有传说演绎，万象凸现。

关键词：飞钱　交子　李闯王遗金　鸦片输入

一、隋唐飞钱似相识　官营商兼非我辈

山西自古就是盐和铁的重要输出之地，这两种极具价值的东西可以为山西人带来巨额的财富积累。同时，两千年前北方的气候比现在温暖潮湿，较适合竹子生长，有竹子就可以造纸。一直到公元 600 多年唐朝的时候，由于山西商人的财富增多和纸张用处的扩大，才使他们发展了票号。这是一位上海的英籍传教士艾约瑟所提出的山西票号起源于隋末唐初的说法。

此说法，在 1923 年得到了马寅初先生的撰文肯定。其文认为，山西出产，以盐铁为大宗，丝煤次之，自给之外，余额悉运销于省外。年复一年，获利甚厚，遂成为中原富庶之帮。但是山西向外省输出盐铁之后，所换得的金银又需要有特殊的机关来运送和保管，所以才有了山西票庄的兴起。

这种把票号起源推断为隋唐时代，实质是与唐朝“飞钱”和北宋“交子”相混淆。

宋代“交子”

薄薄一片签字纸，胜似千斤“没奈何”。

汇兑业务的起源可追溯到唐宪宗执政的元

和初年（806）的“飞钱”。之前，生意人的本利数额巨大，况且带着大批铜钱上路，不但笨重且体积庞大，只好靠车载马驮，旅途辛劳可想而知，而且担惊受怕，若遇盗贼，弄不好人财两空！宪宗时“商贾至京师，委钱进奏院，以轻装趋四方，合券乃得取之，号曰‘飞钱’”。简而言之，“飞钱”是全国各地商人到京城后，将铸币交给各道进奏院，由各道进奏院向其地方当局签发支付命令书，商人持之回到原籍向地方当局领钱的拨兑制度。由于它只是地方政府在“禁钱出境”的命令下解交饷款的权宜之计，因此，没能发展成一种系统的汇兑制度，但其汇兑方式，开启了后人创新之智慧。

延伸阅读

“飞钱”，出现于唐中期，是用一张纸券，写明钱数，盖上图章，分为两半，双方各持一半，用飞快的速度发往目的地。双方所持纸券相合，核对无误，即会拿到现钱。这一方法，是我国汇兑业务的初始。

“飞钱”这种汇兑方式在唐代发端后，被北宋沿用。当时宋朝因国库财政收入匮乏，便借鉴了“飞钱”的方式，实行了“便钱”制度，即由在京城的商人代其所在地政府先交纳税款，待回乡后，再由地方政府兑付其已垫之款。宋

古钱币

中国古钱币品种繁多，多姿多彩，是中华民族传统文化中的瑰宝。金属铸币更是从殷商时期就已经在我国经济长河中发挥着重要的作用。

以历史古钱币为内涵的中国货币文化，不仅反映出各个时期的政治、经济状况及铸造技术进程，以钱文为主的古钱币，还可以反映出中国文字和书法艺术的发展状况。

天平

开宝三年（970），官府在开封设置官营汇兑的机构——“便钱务”，为行商直接办理异地汇款。据有关资料，在995年至997年间，全国商业汇款已达178万贯，规模远远超过了唐代。这标志着中国的信用交易已走过了萌芽期，货币金融的发展进入了一个新时代。

虽然，中国早在唐代就出现了“飞钱”，宋代称作“交子”，即从事异地汇兑的票据开始在生产、生活中得到应用。在一段时期内，“飞钱”和“便换”的出现，免去了商人们携带巨款长途跋涉之苦，促进了当时商业的繁荣昌盛，但毕竟它们都还不是商品经济发展的产物。况且由官府办理汇兑，是官府为维护京城钱币的流通，中央政府由地方政府派供的经费而临时出现的特殊产物，情况一旦变化，就停止兑换，其本身就带有很大的局限性。到明清之际，又产生了为商民服务的汇票，它虽突破了官府汇兑的范围，是在商人之中进行的，但由于此时的汇票只限于地方和乡里的圈子之内，还是没有被社会广泛使用。

明清之际，随着商业活动的日益频繁和贸易规模逐步扩大，民间出现了使用汇票的零星记载。汇票尽管还未被广泛使用，但在商业兼营过程中，却已积累了丰富的经验。其基本内容、种类和兑期、兑付使用的平砝（即天平砝码）和商号自立的平砝、汇票银两兑付方法均是票号专营汇兑的最好的借鉴。但由于汇票是商人兼营的，服务对象仅限于乡里亲朋之间，通汇地区则限于两地之间，且受承付能力的限制，不论即票或期票往往不能按时兑付。在这样的情况下，专营汇兑票号的产生，就成为当时社会的一种迫切需要。

二、惊闻闯王似威廉 东方梅耶问康(亢)氏

在票号起源的各种说法中，最具有传奇色彩和演绎成分的就是“李闯王之说”了。而这一说法，又与世界历史上罗斯柴尔德家族的起源有着异曲同工之妙。

罗斯柴尔德家族在世界两百多年金融、政治和战争中所向披靡，建立了一个迄今为止人类历史上最为庞大的金融帝国。罗斯柴尔德家族起家所掘得的第一桶金正是来自历史上“欧洲最冷血的贷款鲨鱼”——法兰克福的威廉王子。

梅耶·罗斯柴尔德

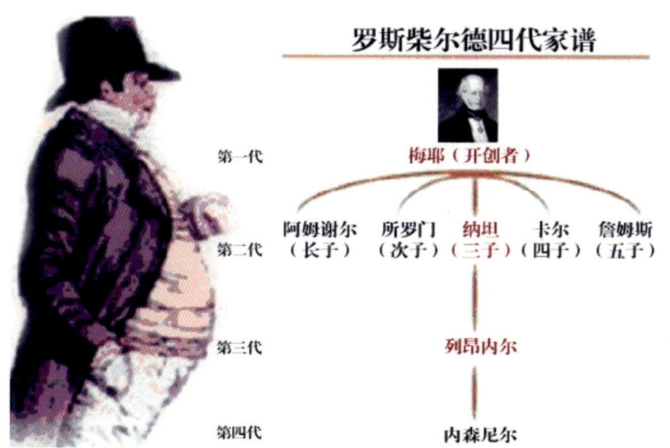

罗斯柴尔德家族四代家谱

罗斯柴尔德家族的巧妙经营，揭开了人类历史上前所未有的金融帝国帷幕。

威廉王子嗜财如命，通过租借自己的军队给别的国家，从而积攒了欧洲历史上最大的一笔王室遗产，大约相当于2亿美元。而当拿破仑执政，威廉王子仓皇流亡丹麦时，将一笔价值300万美元的现金交给他多年的合作伙伴——梅耶·罗斯柴尔德代为保管。就是这300万美元的现金为梅耶带来了前所未有的权力和财富。当他得到威廉王子这笔巨款的时候，便将自己的五个儿子像五支利剑射向欧洲的五个心脏地区，从而揭开了罗斯柴尔德家族金融帝国的帷幕。而有关山西票号的起源，也有一段相似的说法。

相传出身草莽的李闯王，带领其部队浩浩荡荡地开进北京城，网罗天下奇珍异宝，坐享荣华富贵之际，不曾想山海关外八旗铁骑大军南下。李自成仓皇出逃之时，从皇宫携带了大量金银财宝。兵败山西时，将金银埋弃，后被山西人康（亢）氏所捡。康（亢）氏以此为基础，将汇兑的副业变成专业，创办了山西票号。《中国经济全书》也称：“据说开始是山西的康（亢）氏。清初顺治年间李闯王造反，不利败走时，所有的金子携带不便，把军中所有的金银财宝埋在康（亢）氏的院子里而去。康（亢）氏忽拾得八百万两，因此将从来谋一般人便利的山西汇兑副业改为本业，特创票号，致使该地的巨商都是康（亢）姓。”近人徐珂在《清稗类钞》中也提道：“相传明季李自成掳巨资，败走山西，及死，山西人得其资，以设票号。”

在1923年上海申报馆纪念建馆50周年时，

延伸阅读

梅耶·罗斯柴尔德（1744—1812），罗斯柴尔德家族的创始人，国际金融之父，欧洲银行巨擘，创建了全球第一家跨国公司，首创国际金融业务。

梅耶·罗斯柴尔德1744年生于德国梅因河畔的法兰克福，是历史上最为成功的商业家族之一罗斯柴尔德家族的奠基人。2005年，梅耶被福布斯杂志评为“历史上最有权势的二十位商人”的第7位，被誉为“国际金融之父”。

他建立了金融公司（金融机构的一种，但与一般商业银行或储蓄机构不同），将五个儿子派往五个重要的欧洲城市：伦敦、巴黎、维也纳、法兰克福、那不勒斯，建立起一个庞大的金融网络，首创国际金融业务。罗斯柴尔德家族通过在关系紧密的家族成员间近亲结婚来防止家族财富落入他人之手。他创办了欧洲显赫的银行集团，对欧洲经济和政治产生了长达200多年的影响。

康（亢）氏家族的“百间房”

康（亢）氏在扬州建造房屋百间，人称“百间房”。

张一麐先生编了一首因果歌，将这一传说弄得更加离奇：

“莫打鼓莫打锣，听我唱个因果歌。

那闯王逼死崇祯帝，那文武百官一网罗。

那李闯同声敲夹烙，霎时间金银堆积满岩河。

冲冠一怒吴三桂，借清兵驱贼出京都。

贼兵舍不得金银走，马上累累‘没奈何’（大块金银）。

一路追兵潮涌至，把金银向山西境上掩埋过。

贼兵一去不复返，农夫掘地富翁多。

三百年票庄称雄久，不成文法执嗟磨。

相传是林亭青主两公笔，这桩公案确无讹。”

这一离奇的传说，到底有几分真实性可言，犹待商榷和考虑。首先，据历史专家分析，李自成出逃确实有携资出京，但是否遗留在了山西则无据可考。其次，康（亢）氏有“山东孟山西亢”或“南季北亢”之说，但康（亢）氏是山西平阳人，迄今为止，仍没发现亢氏有创办票号的史料。故这一说法也暂时成了无法证明的臆说。

延伸阅读

李自成的生死之谜

李自成领兵退出北京后，转战河南、陕西、湖北等地，最后不知所终。有人说李自成在九宫山遇难。《明史》的结论是，“自成已死，尸朽莫辨”。还有一个根据是，南明王朝驻湘将领兵部尚书何腾蛟给唐王的报告称，他的部众已将李自成斩于九宫山下，只是丢了首级。但是，这个“遇难”说却难以令人相信。因为李自成雄才大略，骁勇非常，一直是官府的死敌。也有人说李自成在夹山寺隐居。据说，清朝初年，即将上任的云南同知张琼伯在赴任途中，游访石门夹山寺，与寺中方丈谈古论今，颇为投缘，相见恨晚，视为知己。几年后，他又重访夹山寺，方丈已死。悼念之中，方丈的徒弟告诉他：那方丈就是威震天下的闯王李自成。在九宫山替死的是他的部将孙某。李自成的生死之谜至今仍成为史学家争论不休之事。

三、何言鸦片是我师　是非之地我未行

有道是长江后浪推前浪，此浪未平又起一浪。票号不是国内商品经济的产物，而是鸦片输入酝酿之果，此说法一出现即广获赞同。

票号之所以和鸦片扯上关系，是源于鸦片贩运过程中的一种执行支付手段的信用货币，即“满天飞”或者土票子。所谓“满天飞”，是为便利鸦片由南方海口或从云南等栽培地到内地各省之贩卖关系，所使用的一种信用介绍物。它代替了交通不便的现金运输，巧妙地运用了这种汇兑方式，将中国内地的藏银经过鸦片贩子直达于东印度公司。所以，有人认为票号是资本主义初期殖民地制度的特种商品——鸦片输入中国后，引起中国货币储藏的动员，而利用信用通货形式现银运转的金融基尔特。

对于这一说法，我们的回答是否定的。票号从产生到 1827 年，只在京师、济南、汴梁、苏州、陕西和山西设庄，还没有触及广州等沿海城市。因此，票号之汇兑首先发生于中国北方，而不是发生在南方海口，更没有理由说它是鸦片输入的产物和“便利鸦片由南方海口或从云南等栽培地到内地各省之贩卖关系”。即使到了1842 年，尽管票号已在广州、长沙、湘潭、汉口、沙市、重庆、成都等地设庄，仍没有扩大到云南、广西、福建、浙江等地，而活动的重心依然在北方，所以有“近日北五省之汇票”之说。凡此种种，都说明把票号产生归于鸦片输入是不可信的。

延伸阅读

“满天飞”（土票子）是英国东印度公司在将鸦片经各个通商口岸或云南边省等鸦片种植地，向广大内陆地区的输送过程中，为解决交通不便所带来的现银运送问题，而采用的一种汇兑形式的信用货币。鸦片贩运群体运用汇兑方式代替传统的现银运送，以实现内地和港口，直至东印度公司的鸦片贸易。故有人认为，票号正是在鸦片输入中国后，为了解决内地货币运现和现银转运而随之产生的金融工具。

鸦片输入是英国等欧美国家凶恶地剥削和残害中国人民的可耻贸易。在鸦片损害吸食者健康的同时，还造成白银外流，引起银贵钱贱，直接破坏社会生产，影响广大劳动人民的生活，给中国人民带来了巨大的灾难。鸦片作为一种商品，它的大量输入无疑是要扩大中国国内贸易量，但这种非法输入并不占贸易额的多数。当时只占海上贸易进口值 21% 或 26% 的鸦片输入，要想成为票号产生的主要经济基础那绝对是不可能的。再者，从 1817 年到 1819 年，中国不仅海上贸易形成了有力的贸易顺差，就连白银也是进口大于出口，要说是票号开办汇兑将中国货币储藏转移到东印度公司，那简直是无稽之谈。

前面也提到了票号首先是产生在中国北方，况且，一种新事物的产生和发展，总是内部因素起着主导的决定性作用，而外部因素只是一种辅助因素。很显然，鸦片输入是山西票号产生的主要经济因素的观点是站不住脚的。

第二节　创办年代　各执己见

众多票号故旧和研究者都赞同雷履泰创建票号这一说法。但是，关系到具体的创建年代，则是各有不同。有的人把颜料铺的创始年代和票庄创办年代混为一谈，有的人将山西商人创建的账局和票号相混淆。雷履泰究竟是在什么时候创办票庄的呢？复杂的谜团终会有被解开的时候。随着人们的不断探索，更多的事实证据浮现在我们的面前，最终关于票号的产生时间有了一个初步的定论。

关键词：账局　西裕成颜料庄　日升昌

一、康乾账局非票号　张冠李戴混视听

这一说法首先由票号故旧在 1917 年提出的，接着又有众多票号故旧和研究者持这个意见。康熙到嘉庆，前后 160 年左右。除持康熙乾隆间，或乾隆嘉庆间抽象之说外，有几位研究者具体提出起源于嘉庆二年（1797）、嘉庆二十二年（1817）之说。持这种说法的有一个共同点，大家都把票号与雷履泰联系起来，依据是雷履泰创办的日升昌票号。

李宏龄在《山西票商成败记·序》中说："溯我票商一业，创始于清康熙乾隆时代，每号资本不过数十万金，而滥觞之水，汇成江河，其间虽不无蹉跌，然上下一心，旋仆旋起。""故数百年来，中国商业之盛，莫盛于西帮票商。"

1923 年山西省商业专门学校编著的《晋商盛衰记》在论述票号起源时说："票庄经营，为山西极有系统的商业，创始于前清中叶。当乾隆嘉庆间，有雷君履泰者，平遥县人，领本县达蒲村李姓之资本，在天津开设日升昌颜料铺。所贩颜料中，有铜绿一种，出四川省，因自行重庆府制造铜绿，运至天津，以备销售，亦甚获

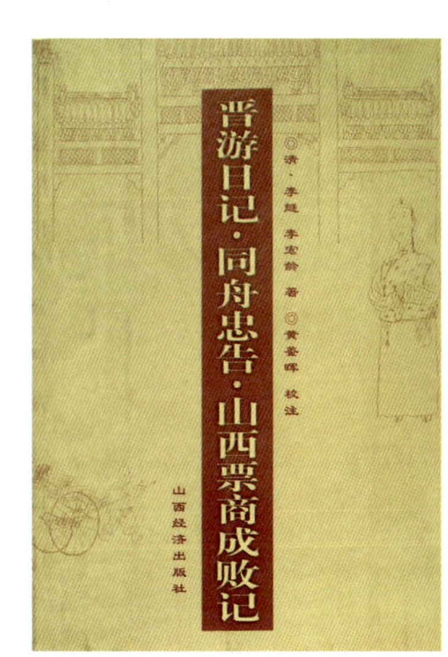

《山西票商成败记》

李宏龄著，阐述了票号改革的思想、计划和经过，体现了李宏龄在金融业方面的远见卓识。

利。日升昌颜料铺之名，遂喧传四川、天津各处，尚无所谓票庄也。”当时，商业运银主要靠镖局运送，遇到兵荒马乱的动荡岁月，流寇劫匪四处流窜，镖车经常被劫被抢。一旦镖车被劫，则银钱之收交爽期，商业之信用将堕，故为各商所深忧。雷履泰当时作为日升昌号的掌柜，慨运款之不便，悯多商之束手，利用他的聪明才智，出乎其间，拔乎其萃，乃发明斯业，开创了金融界之一大纪元。

票号鼻祖雷履泰

范椿年在《山西票号之组织及沿革》一书中，也有相同的记载，即“山西票号四字，喧腾于金融界者已历有年所，吾人欲述山西票号，先是有平遥县日升昌号者，本营颜料业，设分号于北京、天津、沈阳、四川，东家为达蒲村之李正华，经理为雷履泰，久驻北京，为人诚直，擅长交际，恒出入于王公大臣之门，深得各显贵之信任，时而委办以事，继而信托以款，不数年而日升昌号之营业盈余达数十万两。经理雷姓因贩运货物无以容纳此巨数款项，于是以余资添设分号，替人汇兑，试办两年获利较厚，于是雷与东家李正华商议，由李东出资三十万两，雷出资二万两，于嘉庆二年创立日升昌票号。总号虽设于平遥，特以事之起源，在于北京，且北京存款多，责任钜，故与分号之招牌上统加京都二字，以志起源”。

这几种说法都意在阐明是雷履泰首创日升昌票号，至于说起源于康熙、乾隆、嘉庆时代，怕是与西裕成（日升昌的前身）颜料铺兼营少量汇兑业务在性质上相混淆的错误。至于票号

延伸阅读

账局是专营借贷取息业务的金融信用机构。按我国人的习惯，取其放账之意而命名。但其牌名上并不加“账局”二字。账局大约产生于清雍正、乾隆之交。迄今为止见诸于资料的首家账局，为1736年（乾隆年间）由山西汾阳商人王庭荣出资4万两白银，在张家口开设的“祥发永”账局。账局在北京、张家口、保定、天津、多伦及太原、汾州等地均有设立。创办者商籍多分属汾州府（汾阳、介休）和太原府（太谷、榆次）。账局资本在数千两到数万两白银之间，业务对象为普通商人和候选官吏。账局作为一种信用机构，从清初到民国初年延续了近三百年，便利了京畿等北方城市的货币借贷。

独慎玉账局俄罗斯分号外景

产生于清康熙、乾隆、嘉庆之说，还有其历史原因，有人误把账局当作票号，把账局产生年代与票号产生年代混为一谈。在当时，账局主要是由山西商人创办和经营的，许多票号资本家同时还冠有账局资本家之名。但在光绪年间，账局因受票号影响，为适应经济发展的需要，开始在上海、天津、营口等地设立分庄，在原有的放款业务基础之上，开始经营汇兑业务。而《清国商业总览》《申报》《大公报》《中国之金融》等报纸和书籍则把账局和票号混为一谈，曾把独慎玉、公合全、中兴和、恒隆光、福成德、大美玉等许多账局，当作票号予以登载。光绪、宣统年间的书报记载，成为后来人们考证的依据，加之“迷人”的传说，账局也就成了票号的化身，可谓是以假乱真。

在阐述中好多传说尽显其扑朔迷离之态，在论证中那些使人迷惑的假象也逐一浮出水面，张冠李戴只能让人们轻信一时，事实终归会在辨证中凸显明了。

二、道光初年喜出世　恩人生辰来作证

据平遥日升昌票庄总号的经理说，该号创办于道光初年。北平日升昌的经理更进一步谈到，该号原料铺原名日升长，到了道光十一年（1831）改为票庄，

始改字号为日升昌。相对于外人的传言，日升昌经理自己说的话可信度似乎更高一些。

嘉庆二十四年（1819）北京前门外平遥颜料会馆《重修仙翁庙碑记》捐银商号名单中，有西裕成颜料庄捐银 120 两，名列榜首。但是到道光十八年(1838),北京前门外平遥颜料会馆所立《颜料行会会馆碑记》捐助银两商号名单中已无西裕成颜料庄，说明西裕成颜料庄此时已不复存在。嘉庆只有 25 年，也就是说西裕成颜料庄改组为日升昌票号只能发生在嘉庆二丨四年（1819）之后，道光十八年（1838）之前。

又据道光八年（1828）江苏巡抚陶澍奏折称：苏州为百货聚集之区，山西、山东、河南、陕西等地商人到苏州贩货，银达数百万两，“俱系汇票往来”。说明当时苏州市场已有汇票流通，而且携带汇票者多为北方商人，可见北方已出现票号。需要补充说明的是，当时的票号已经由日升昌一家发展为几家。因为如果只有日升昌一家的话，在最初的几年，它是不可能在几省范围不到一年之内，一下子就向苏州做数百万两的汇票生意的。而票号从一家发展到几家，是需要一段时间的。再者，西裕成颜料庄总经理雷履泰生于乾隆三十五年（1770），在平遥县文庙尚存道光二十四年（1844）所立之碑，碑文刻捐助者有“日升昌捐银一百五十两，雷履泰捐银四十两”。可见，雷氏此时尚健在，但已是 75 岁了。根据雷履泰的生平记载，其 40 多岁就担任了西裕成颜料庄的经理，而道光八年（1828）之前的几年雷履泰

日升长图章

◆ 票号掌柜（模拟场景）

“有儿开商店，强过做知县。”据统计，清代知县一年的全部收入是 1 045 两银子，只和晋商一般票号的一名三厘身股的小伙计大体相当，难怪山西人偏偏一心一意地要做买卖了。

50 多岁，正是年富力强，阅历深厚之时，此时由雷氏主持将西裕成颜料庄不失时机地改组为日升昌票号，是完全有可能的。

众所周知，雷履泰是创办日升昌的总经理，毛鸿翙、程大佩是副总经理。他们三人创办票号，开辟了新的生财之道，为家乡人所羡慕。于是好多人就希望自己的孩子也能像雷履泰那样发财耀祖，故平遥就流传着一首俗谚：“人养好儿子，只要有三大，大子雷履泰，次子毛鸿翙，三子无出息，也是程大佩。”而毛鸿翙生于乾隆五十二年（1787），卒于同治四年（1865），终年 79 岁。在他还不到 40 岁时，就当上日升昌的副总经理，说明他也是相当优秀能干的。总之，由雷履泰、毛鸿翙两人的生辰年龄来看，山西票号至迟在道光初年已经诞生。

至此，关于山西票号产生的时间，最核心、最有价值的是上限的 1819 年和下限的 1828 年。这两个年份都是经过历史文物和相关资料考证的，是真实的，而其具体发生在哪一年，则还有待于进一步论证。

第二章

天时地利喜相逢
东风吹来恰人和

在春来之际，万物开始萌动，绿芽竞相破土而出，大地尽显其生机盎然之态。道光初年，为满足当时社会工商业之需，一种新的汇兑业务——票号应运而生。

正如《剑桥晚清史》中所述，18 世纪中国人口的增长，也意味着消费人口的巨大增加，因而促进了国内市场经济的发展，增加了对土特产品的需求。嘉庆年间，随着国内贸易的发展扩大，埠际间债权债务的结算和资金借贷的业务日渐增多。只依靠镖局运送现银，已无法适应商品经济日益发展的需要，特别是嘉庆后期白莲教起义风起云涌，社会动荡不安，起镖运送现银风险增大，工商业者甚感不便，迫切希望用汇兑来代替现银运送以解困扰。

当时作为银行业的账局虽然拥有了存款、放款业务，在一定时期内方便了货币的流通，但由于其经营业务的局限性，还不能完全适应工商业发展的需要。因此，要么账局适应时势经营汇兑业务，要么产生一种新的信用组织来满足工商业的需要。显然账局未能完成使命，而雷履泰则审时度势，顺应时代需要，继承中国历史上的汇票经验，在晋商之间、京晋地域之间由西裕成开始经营汇兑，加之当时民信局业务的不断完善和晋商的诚信，山西票号就这样惊喜出世并且逐步取得了骄人的成就。

第一节 商业繁荣 财富集聚

资本主义萌芽为中国国内工商业的兴起注入了力量，国内外市场的扩张给各地商帮的发展创造了机会，而山西过度的人口压力则催生出一批又一批求生关外或走西口的早期拓荒者。地缘与人缘结合，圆了一个又一个三晋俊秀之才的梦想。

关键词：商品经济 商帮兴起 广设商号 财富累积

一、乾坤运转货物通 百业俱兴现商帮

16 世纪初（明朝中叶），中国开始出现了资本主义的萌芽，这标志着中国的封建社会将趋于瓦解，资本主义生产关系开始建立。此时，中国的国内贸易和国际贸易均有所发展，工农业也开始了生产商品化的进程，使得商品货币关系有了很大发展。此时，在国内，“凡舟车商贾所达，西北及于天山外裔，东南及于闽粤重洋”，不但有众多地方性市场兴起，而且全国的大市场也在逐步形成之中。清人刘献廷在《广阳杂记》中提道：“天下有四聚，北则京师，南则佛山，东则苏州，西则汉口，然东海之滨，苏州而外，更有芜湖、扬州、江宁、杭州以分其势，西则惟汉口耳。”国际贸易上，自康熙后期“开海”以后，“诸国咸来互市，粤、闽、浙商亦以茶叶、瓷器、色纸往市”。在这种情况下，江浙的丝织业、以景德镇为代表的陶瓷业及矿业、盐业、糖业等都出现了空前的繁荣。

商业的发展，为商人的发展创造了有利的条件和机遇，经商之人广而众，逐渐汇聚成了商帮。明清时期，全国出现了久负盛名的十大商帮——晋、徽、陕、鲁、闽、粤、宁波、洞庭、江西、龙游，其中以晋商和徽商规模最大、实力最为雄厚。而这些商帮又各具特色，各有风采。

明清中国十大商帮：

◇山西商帮——义中取利，信誉第一；

◇徽州商帮——贾而好儒，财自道生；

◇陕西商帮——追求厚利，既和且平；

◇山东商帮——重土乐安，诚实守信；

◇福建商帮——自强不息，爱拼会赢；

◇广东商帮——敢想敢干，敢为人先；

◇宁波商帮——灵活善变，开拓创新；

◇洞庭商帮——审时度势，稳中求胜；

◇江西商帮——广泛从业，小本经营；

◇龙游商帮——海纳百川，宽以待人。

就交通和地理位置而言，山西在历史上是重要的“商贾之途”。从地理位置上看，山西东起太行、西到吕梁、南滨黄河，似乎完全就是块封闭之地；而实际上，由于宋代以后繁盛起来的茶马交易，促进了茶叶贩销南起闽、浙、粤，经由汉口、开封、太原、北京直抵恰克图的南北商路的形成。这条历久不衰的商路，与东起北京，经张家口、大同、榆林，西至甘州、嘉峪关的中国北部东西商路相互交叉，形成当时北方经济区的大交通十字架，它东拱京津、西连秦蜀、南通太行、北倾恰克图。因此，得天独厚的交

延伸阅读

中国当代五大新商帮

浙江商帮：宁波、温州、杭州、台州；

山东商帮：威海、烟台、青岛、济南；

苏南商帮：苏州、无锡、常州；

闽南商帮：泉州、漳州、厦门；

珠三角商帮：广州、惠州、深圳、东莞。

延伸阅读

清代山西忻州诗人和作家王锡纶非常关心山西的社会经济和家乡风土人情，他在自己的文集中做了认真的记录，“广晋省之人多务于出外贸易；太汾、忻代之人经商者十人而八；太原之太谷、祁县，汾州之介休、平遥，其投资于川广、三吴、两楚广；忻人之敢于远行，自乾隆时，开新疆、伊犁、乌鲁木齐、喀什噶尔、阿克苏，和阗、叶尔羌等处”，“有率车驮贩茶，以通俄罗斯者”。

山西晋商票号一览表（部分）

平遥票号

日升昌、蔚泰厚、蔚丰厚、蔚盛长、新泰厚、天成亨、日新中、协和信、协同庆、百川通、乾盛亨、谦吉升、蔚长厚、其德昌、云丰泰、松盛长、祥和贞、义盛长、汇源涌、永泰庆、永泰裕、宝丰隆

祁县票号

合盛元、大德兴、大德通、元丰玖、三晋源、巨兴隆、存义公、兴泰魁、长盛川、大德恒、大盛川、大德源

太谷票号

志成信、协成乾、世义信、锦生润、大德川、三和源、大德玉

太原票号

义成谦、巨兴源

山西晋商票号一览表（部分）

清代晋商商路图

通网络是山西商业发达的重要条件，使山西形成了“乃商贾之余”的经济地位。基于这种商业地位，山西人商业信息更为灵通，所谓“刚闻道于阗琼玉多，又传蜀宾毛衣贱”。他们有机会亲眼看到许多人走出山西而后发财致富，耳濡目染“某家携归万斛装，某客手挥千金便”，“赢得腰缠十万多”，他们相互影响而“从此相将爱远行”，“通利辞乡县”。

二、政府周转乐搭台 百姓欢呼喜唱戏

晋商发端于晋南、晋东南，晋中则相对较晚一点。明王朝建立之初，晋商在“开中法”中近水楼台先得月，占据地利和资源之便，掘得了第一桶金。随后，汉蒙之间的茶马互市愈趋频繁，商业利润“诱惑”人们通过官、私两条渠道把茶叶、粮食、丝绸、布匹输入蒙古。俟到清代，政权归一，汉蒙民族相互对峙局面已成历史，商路樊篱尽撤。特别是康、雍、乾之际的西征平叛，以及

与俄国勘定边界，签订《尼布楚条约》《恰克图界约》和《恰克图市约》，通畅了汉蒙、中俄平等贸易。清王朝以雄厚国力奠定了我国东起鄂霍次克海、库页岛，经外兴安岭、漠北，西抵巴尔喀什湖和葱岭的北方疆界范围。边陲安定、旅途通畅所构成的“小气候”，为晋商北上提供了优裕的条件，也使苦闷彷徨的山西俊秀之士转入贸易一途成为可能。

1693年，俄国使节伊兹勃兰德·义节斯率商队来华，一次就运回数万卢布的中国货，这些货物在俄国市场上颇为走俏，被抢购一空。尝到甜头的俄国商人宛如发现新大陆一般欣喜若狂、奔走相告，纷纷呼吁政府取消限制、扩大通商。俄国商人在中俄贸易中得到了诸多实惠，那么，崇尚“礼尚往来”“来而不往非礼也”的礼仪之邦自然理应有所“回敬”。然而何人能堪当此任却着实令朝廷蹙眉：堪边定界、设官建卡，虽然保证了西北边陲的安定和平等贸易所需的环境，但北越长城、贯穿蒙古，经西伯利亚转往欧洲腹地的这条国际商路令人咂舌，被视为畏途。它不仅山重水复路途遥远，而且所经之地多为地广人稀的荒漠。商旅往返一次旷日废时，若逢不顺，竟有一年之内也到不了的可能。条件如此恶劣，难怪寻常人裹足不前。为了开发财源、增加国赋，清廷只得将此重任“拜托”给吃苦耐劳的山西商人。于是，利用晋商开拓远足贸易，便成了清朝的一项既定国策。

山西地处中俄恰克图贸易以至欧洲腹地这条国际商路的交通要冲，责无旁贷地承担起对俄蒙的贸易重任。而且，山西商人不畏艰险、披荆斩棘、栉风沐雨，翻越千山万水，踏遍浩瀚大漠。当时，自由地赴恰克图贸易之

赴蒙贸易的晋商

清代恰克图

商人，多半为山西人。然山西人之足迹并不仅见于恰克图，“库伦西帮商号，始于康熙年间……西库东营两区，统计山西商人一千六百三十人”。山西商人正是在清廷的卵翼之下，充分利用自己所居之地利，以蒙古、新疆贸易舞台为依托，驰骋四方，纵横捭阖，在向全国市场大进军的同时，经恰克图深入俄境伊尔库斯克、莫斯科等地，摘取了“国际商人”的桂冠。

汉蒙人员交易市场

三、星罗商号遍天下　财源广进垒金库

从清朝初年开始，山西商人就有了“凡有麻雀的地方，就有山西人”的名声，用文雅一点的话说，就像嘉庆本《介休县志》所说的：“介邑土狭人满，多挟赀走四方，山陬海澨皆有邑人，故繁庶之地也。”他们活跃于全国各地，或“历吴越，游楚魏，泛江湖，懋迁居积，起家巨万”，或“西至洮陇，逾张掖、敦煌，穷玉塞，历金城，已转而入巴蜀，沿长江，下吴越，已又涉汾晋、践泾源迈九河，翱翔长芦之域”。

票号内景（模拟场景）

在新疆，山西商人不仅有固定的商庄、银号、运输业，而且他们经营的酒、醋、油作坊及饭庄也随处可见，其中“三成元”饭庄最为显赫。和大盛魁一起积极参与了茶路贸易的榆次常家，祁县渠家和乔家，甚至还有其他一些祁县商人都是在主营茶庄之后才开办票号的，因此，祁县人常把茶庄和票庄连称为茶票庄，似乎两者存在着必然的联系。好像有这么一个隐隐约约的规律：清代，祁县、太谷、榆次的商人大举挺进北部边境，开展国际贸易的时候，平遥、介休的商人并未卷入，而是在内地和大西南、大西北拓展着自己的市场。

太谷曹氏，“在新疆、库伦及莫斯科、伊尔库茨克等地，也设有曹氏商号。其经营的范围很广，有丝绸、布匹、颜料、药材、杂货、茶叶、账庄、钱庄、票号等”。祁县乔家更以“先有复盛公，后有包头城”为天下人所熟知。“复盛公成为乔姓之商号后，买卖兴隆，又在包头城增设复盛全、复盛西商号和复盛菜园，后来又增至 19 个门面，四五百职工，是包头城开办最早、实力最为雄厚的商号”。祁县

渠氏，“后来其子孙经商于包头一带，到渠源祯曾祖父渠同海时，在包头经营的商业已粗具规模，购地10余顷，经营着菜园、粮油、茶叶，并兼做钱庄生意。到乾隆年间，渠源祯的祖父渠映璜又增设长源川、长顺川两大茶庄，从两湖采办红茶，贩销于西北各地及蒙古、俄国。至此渠家已经积累了万贯家财，成为巨商大贾之家”。榆次常氏也是典型的旅蒙商，“其经营则多在多伦诺尔、张家口、兴化镇及本省大同、繁峙等处”。山西商人足迹遍中国，分店布神州，为票号的开设创造了必备条件。

店面增扩带来的是财富的不断累积。据统计，清道光时期，山西商人垄断的恰克图贸易，每年的贸易额即占俄国全部对外贸易额的40%—60%，最高时达60%以上，而中国对外输出商品的16%也通过这里进入俄国和欧洲市场。晋商艰辛的远足贸易，使他们各自的财富积累从白银几十万两到数百万两，进而发展到千万两的水平，这使得

晋商驼队

八百里瀚海烟波浩渺，三千里驼路露饮风餐。清樽对月思父老，再走两月抵津门。离乡三载妻不见，牙牙孩童父不识。我辈裘皮裹大氅，漫漫驼路顶风沙……

右玉杀虎口

山西商人们拥有了雄厚的资本。大商业世家太谷曹家，在各地开设有绸缎庄，锦泉涌、锦泉兴等茶业庄，锦丰泰等皮毛庄；此外还有粮行、货行及 15 家钱庄和 5 家账庄等，其累计财产在白银一千万两以上。还有介休冀家，道光年间资本总额达三百万两以上；祁县乔家资本总额达一千万两以上；介休范家在外蒙市场上每年资金周转额就达一千万两以上。咸丰三年（1853），广西道监察御史章嗣衡奏："山西太谷之孙姓富约两千余万，曹姓、贾姓富各四五百万。平遥之侯姓、介休之张姓，富各三四百万……祁县百万之家

延伸阅读

从雁门关外杀虎口的"车辙马迹"到黄河上的古老渡口，从蒙古草原的骆驼商队到长江口起锚出海的商船，从山西境内的深宅大院到扬州的亢园、苏州的全晋会馆，晋商昔日的活动盛况体现得可谓淋漓尽致，甚至在许多地区形成了"晋商不至，产无所泄"的局面。

以数十计。”著名思想家龚自珍就曾以“海内最富”四字来指称山西。咸丰初年，山西晋中地区家产超过百万的商贾就多达数十家，当时有人估算其额过亿两，比清政府的国库存量还多。

山西票号的股东大多是地主兼商人的双重身份，都是拥有巨额资产的著名人物。日升昌票号的财东是平遥县达蒲村的李家，在宣统末年时家有土地两万顷；介休侯家除拥有“蔚”字五联号外，还兼有杂货铺、绸布店大小各色字号五六十家，资产达到五六百万两；祁县乔家除经营大德通、大德恒票号外，分布在东北、西北及京、津、川、鄂、湘等地的钱庄、当铺、粮店、茶庄总计有 200 处以上。票号开业时的资本，多则二三十万两，少则几万两，然而东家的资财却是票号资本的几倍、几十倍，流动资本有的在 700 万至 1 000 万两之间；经营志成信、锦生润票号的太谷曹家，总资产在六七百万两之上……

从离家外出寻找事业的立足点，到站稳脚跟拓展业务；从生意做遍全国各地，到在全国各地遍设分庄，利用自身的地理优势，对诸多机会的灵活把握，加之吃苦耐劳、勤恳细作的精神，成就了一批又一批晋商的辉煌。

银窖

晋商败落很多年之后，一个晋商的后代在自家的老宅院落内挖出了一个银窖。骇人听闻的是，这个银窖内藏着百万两白银。晋商曾经拥有的实力由此可见一斑。

延伸阅读

晋商的财富观：

一、财富是第一重要的；

二、财富首先是小钱；

三、财富是积累；

四、财富是散中的聚；

五、财富更要是义财。

第二节 时代需求 应运而生

商品经济的发展为商业的转轨开辟了广阔的流通空间，自然地也对货币金融提出了新要求，进而促使封建金融机构开始突破单纯的兑换业务，并逐步过渡到信贷阶段。另一方面，埠际贸易开展，使商品流通幅度扩大，出现了不同地区债务清算和现金平衡等新问题，于是汇兑专业化就迫在眉睫了。

关键词：银钱短缺 汇票 晋商信用 民信局

一、少钱短银商家愁 一纸信票抵九鼎

明清时期，中国与欧洲的土地上几乎同时萌发了商业革命和金融革命的种子。欧洲商业革命始于 1500 年，经过 250 年的发展历程，到 1750 年终于结出了工业革命的硕果。中国的商业革命虽然与欧洲商业革命几乎站在同一起跑线上，但是经过了 400 多年，直到清朝末年，工业化的曙光也还没有露出地平线，但商业革命毕竟给中国带来了新的生机。中国的封建社会经济，到了明代中叶以后，由于社会生产力的提高，国外白银流入的刺激，商品货币经济有了较为明显的发展。这种发展延续到清代前期，特别是康熙、乾隆时期，国内政治安定，农业生产发展，商品货币经

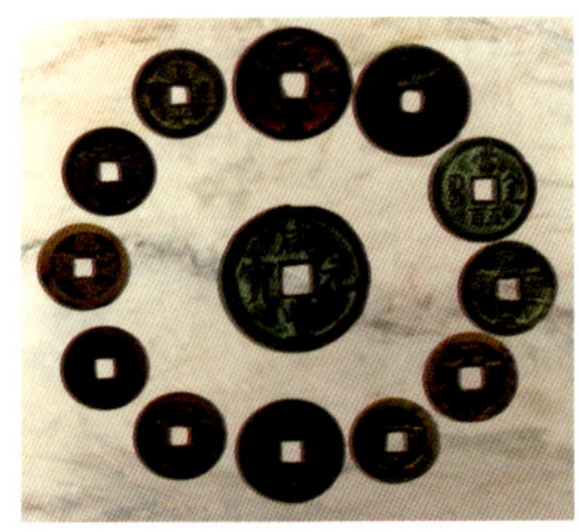

明清时期的流通货币

明嘉靖年间开始，青铜铸币逐渐改为黄铜铸币，沿用外圆内方的形状。直到民国初年，方孔圆钱才退出历史舞台。

济较前更为活跃。社会商品货币经济的快速发展，为金融业的发展提供了一定条件。

明中叶的税负制度改革，是中国历史上封建劳役经济转向货币经济的一大进步，也促进了银币的广泛使用。但明代国内银产量在 1 000 余万两到 3 000 余万两之间，随着人口的增加、商业的发展对硬通货的需求，银荒局面在所难免。“天下之民皇皇以匮乏为虑者，非布帛五谷不足也，银不足耳。”

典当铺

典当铺又称当铺，也叫押店，以收取衣物等作质押，进行放债的高利贷机构。

在票号产生之前，中国传统的金融业有古老的金融信用形式——典当业。作为最原始的属于高利贷性质的典当业，由于山西商人在工商业经营扩张进程中大规模的资金需求，它已经逐渐步入落伍大军。印局作为城市经济发展的产物，主要是面向城市贫民和依靠肩挑为生的小商人。钱

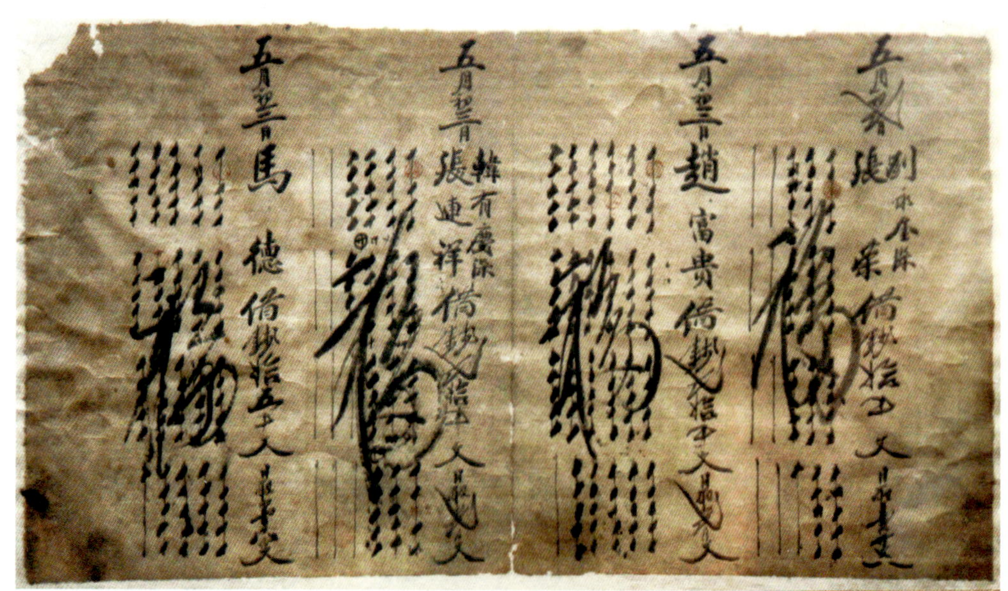

印局收账单

收债人每收一次债款，就要在上面盖上一方印记，或用笔留一个墨痕，因此又称为印子钱。

庄和银号是专门从事货币技术性业务的机构，伴随我国货币制度过渡到银钱并用的时代，是一种从事货币兑换业的机构，只是地区的分布不同而已。而到18世纪中后期，山西账局和钱铺在北方迅速蔓延，及时实现了高利贷资本向工商业借贷资本的转化，服务对象也由平民大众转向工商业商人与企业。

延伸阅读

2007年，闻喜县档案馆在整理土改档案时，意外发现了一组清代“厚德堂”账局档案。这组档案是厚德堂在经营过程中形成的账簿和契约，记录了从嘉庆五年（1800）到同治六年（1867）间有关个人和商号的借贷情况，是研究清代晋商活动的重要档案文献。

早期的商人贸易主要依靠自有资本从事经营，随着商品生产、交换及国内外贸易的扩大，商人资本日显不足，就必然要求社会为其提供一种能代替硬通货流通的信用工具。晋商在从事长途贩运贸易或者转口贸易活动中需要大量的借贷资本，而靠镖局运送现银不但存在着诸多风险，也在携带和流通方面存在诸多不便。由于长途贩运，商品流转周期较长，且社会所需现银逐渐增多，导致现银短缺，贸易受阻，商人产生了社会信贷融通的需求。而当时由山西商人在太原、汾州、天津和张家口等北方商业城市开设的账局，只设立于一域一地，没有分支机构，于是，埠际间的货币清算依旧沿袭着“起镖运现”的方式。而商业的发展要求解决不同地区间收解现金和清算债务的实际问题。这样，这种“起镖运现”的方式便不能适应商品流通区域日益扩大这一客观情况了，就需要迅速开展汇兑业务，实现一种便利、新型、快捷的结算方式，而账局由于没有实行总分号制，也就无法承担起这一任务。

汇票区别于传统的结算方式，是一种有一定支付期限的债券，一种延期支付的证书，它分为即票和期票两种，即票为见面兑付，而期票为定期兑付。汇票的书写形式、种类等为日后的票号所效仿。冯桂芬曾指出：“产今山西钱票，一家辄分十数铺，散布各省，汇票出入，处处可通。”票号汇兑业务使“各省商贾具系汇票往来，并无现钱运到”，从而将过去繁难并潜存险祸的货币流通、债务划拨变成便于取携之事，“商既便于取携，官亦籍省赉运，国民两利莫于此”。票号汇兑安全可靠，“交银于此，取银于彼，从无空票”，而且一旦汇票遗失，持票人可向相关票号知会，如“盗贼用之，直自投罗网耳”。所谓

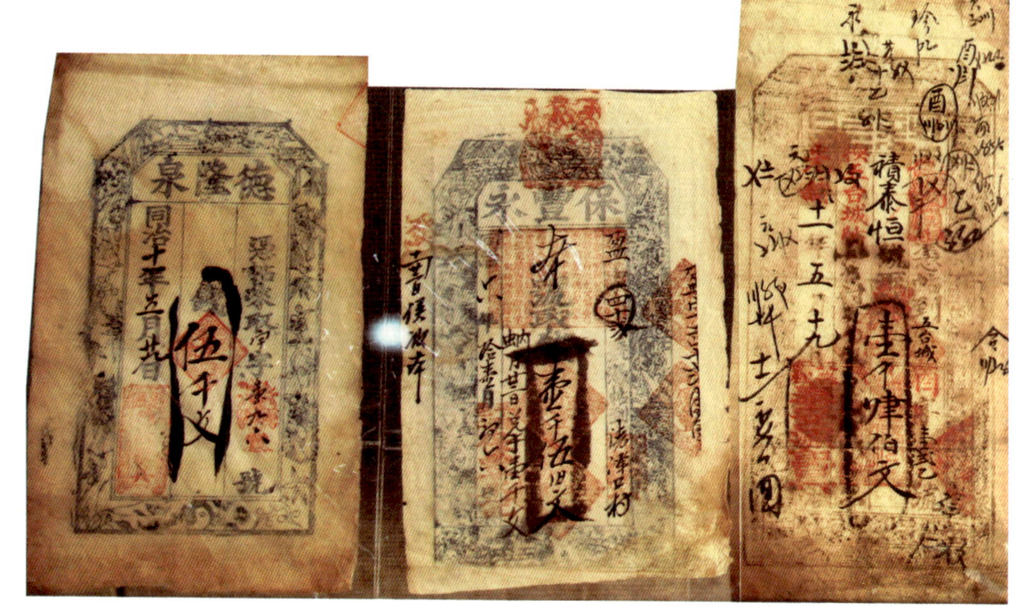

明清汇票

"知会"，实际上是近代银行"挂失"的通常做法，票号早已实行。票号成功地把天子纳入了票号的高端客户，源于为进京赶考的举人及其亲友团、粉丝团提供异地取现服务，叫作汇兑"沿途川资"，几张汇票就像银行的借记卡一样，走到哪里刷到哪里，当然，异地取现要收手续费。

早期金融组织的出现带动了中国金融事业的发展，一方面为山西票号的产生提供了良好的金融环境；另一方面，也为山西票号提供了许多直接或间接的经验。典当解决了普通市民的短期融资问题，账局和钱庄解决了工商业者的融资问题，但长途贩运引起的异地资金汇兑问题却始终没有得到解决，而且随着白莲教起义造成的交通不便和安全问题，使得这一难题成了晋商异地经营中面临的最大困难。山西票号正是在这一强大需求下应运而生的，它一出现，便呈烽火燎原之势，鼎盛时曾执中国金融之牛耳，其总号所在地平遥被称为中国的"金融华尔街"。

二、笃实信用传佳话　良言美德沁心田

勤俭、不欺、视信誉为生命，使晋商赢得了“良贾”美誉。“良贾”致富并不低贱的价值观使晋商在冲破人为樊篱、开拓广阔市场时得到了精神支柱，并且去寻找自己的规范。既不瞻前顾后，又不左顾右盼，一意沿着自己选定的经商轨迹前进。如此执着追求，焉能不富？

清朝光绪年间，乔家复盛油坊从包头运大批胡麻油销往山西，经手伙友贪图厚利把一批劣质麻油掺入好油灌篓装车。

掌柜得知情况后，下令将装车的油篓统统卸下，另购新篓装油发运，并将作假伙友开除出号。

此次换装油坊损失银子几十万两，掌柜虽十分心疼，但告诫全体伙友诚信为本，并当众把掺假次油销毁。

复盛油坊换油保诚信的消息传出后，复盛油坊的牌子更加响亮，生意也越发兴旺了。

山西商人认为“勤以致富，俭以养廉”。故在创业时便克勤克俭、节衣缩食、虽富不奢。各家票号为保持基业历久不衰，都十分重视勤俭经商的传统教育，让众人居安思危。同时，把信誉第一、不欺为上的职业道德观根植于脑海，体现于行动。当新顾客不了解大盛魁的经营作风、怀疑鞋底以草纸代布时，伙友便当众用刀将鞋底砍为两段以示真伪；当乔家复盛油坊的伙友图谋厚利往油中掺假被发现后，自然严惩不贷，掌柜派人火速将货调回，另行换装；当“七七事变”日军入侵，天津危机，市井大乱，各商家都携资载货四处亡命时，山西票号却在张贴通告，敦请存款户速来兑现结算……

《论语》中有云：“君子喻于义，小人喻于利。”程子曰：“义者，天理之所宜；利者，人情之所致。”君子与小人分别贴上了“义”和“利”的标签。而商人一贯被视为纯粹追逐利而舍义于不顾的投机小人，一直以来被世人所蔑视，社会地位很低。在中国封建社会中，士农工商等级的划分就是一个很好的证明。但是明清时期的山西商人在孔孟之道和重商立业思想的指导下，创造性地将

关羽像

山西商人敬奉关羽，并把他作为义利观的精神偶像，以“诚招天下客，义纳八方财”作为其重要的精神原则。

"义"和"利"结合起来，并形成了对诚、信、义、利独特的理解和行为规范，即先义后利，以义制利。《左传》中说，"义，利之本也"，"利，义之和也"，形成一种新的义利观，这种"以义制利"的思想价值观就此而体现得淋漓尽致。利不是不追求，而是在义的规定范围内谋利。山西名商王文显就曾训诫其诸子曰："夫商与士异术而同心，故善商者，处财货之场而修高明之行，是故虽利而不污。"

延伸阅读

晋商在长达五个多世纪的商业活动中，总结出了许多有关经商诚信的商谚。如："宁叫赔折腰，不让客吃亏""买卖不成仁义在""售货无诀窍，信誉第一条""秤平、斗满、尺满足"……

"诚信不欺，利以义制"，这八个字是晋商五百年来行走天下的公开秘诀，值得当代商界学习借鉴，值得整个社会传承发扬。

康熙末年，杀虎口的一间草房里，三个山西商人正惨淡经营着一家小小的草料行，他们都是太原府人，名字分别为王相卿、张杰、史大学。三个人曾挑着担子为西征的大军送过军粮，战争结束后，三个人合伙在杀虎口经商。刚起家资本很少，尽管叫"吉盛堂"这么个名号，但实际上实力很弱。有一年除夕，三人围坐炉旁，眼瞅着一锅小米稀饭发呆，唉声叹气，愁眉不展，一副凄惨景象。当三人正欲端碗喝粥时，一个喇嘛悄然而至，意欲投宿，三人虽舍寒粥稀，却也尽心殷勤接待。事毕，喇嘛将一包袱放下，声称来年再取，随之又飘然而去。谁知那喇嘛一去不返，再无音讯。第二年春，三人将包袱打开，内有纹银500两，当时也不知道怎么办才好，然后他们就商量："咱们把人家的这笔钱点清楚了，然后把它当成股本，放在咱们的本金里，每三年结账的时候，把人家的红利加进去，记入万金账上。"这样滚了几十年，这笔钱的主人仍然没有出现。但是他们创办的旅蒙巨号大

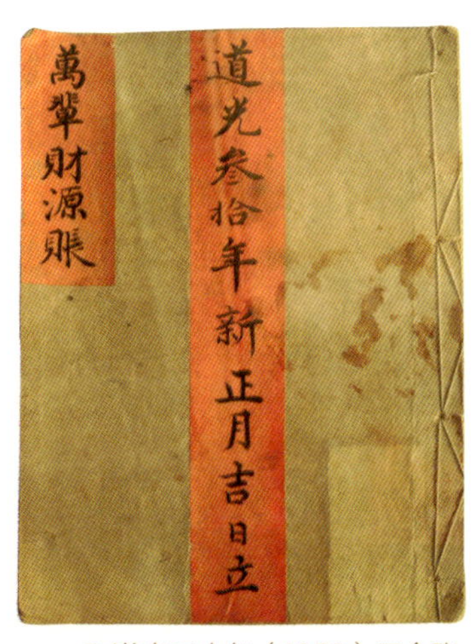

道光三十年（1850）万金账（股本账）

钱庄外景

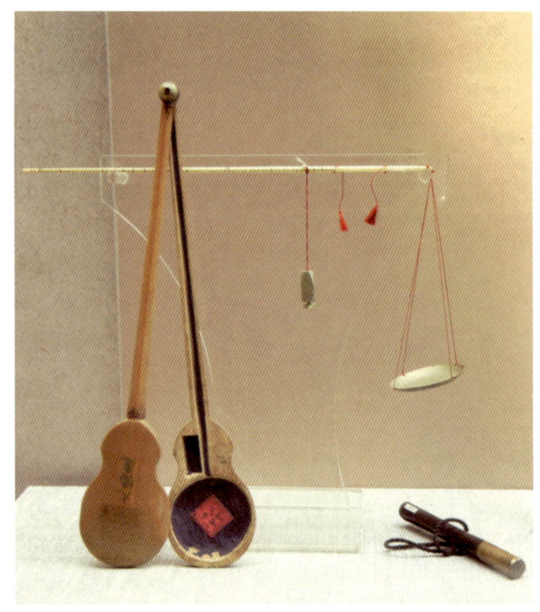
戥子

一种小型杆秤，学名戥秤，流行于清代，专门用来称量金、银、贵重药品和香料的精密衡器。

盛魁一直到倒台的那一天，仍然记着这笔没有主人的财神股和它的本金、利息。这个故事在这些古老的县城中广为流传，故事的真实性由于年代久远已经很难考证，但是当年大盛魁的山西商人，要把讲述这个故事当作每年店铺开张之前的一种仪式。它的含义就不再是夸耀一段传奇历史。这番举动除了弘扬一种善有善报的因果循环之外，更重要的是，山西商人希望每一代后人都能把诚信当作经商的第一要诀。那些声名赫赫的晋商世家，大多把这一要诀写进家规传诸后世。

急功近利、投机取巧为商业大忌。为此，晋商在"角逐"甚烈的商界着实用足了手段，千方百计通过各种途径打天下、创声誉。仅以响应商品经济召唤、先于票号破"土"而出的山西银铺、钱铺和钱庄来看即可略知一二。

明清时期中国币制混乱。制钱、银元、银两并行不悖，比价波动异常，元宝、银锭、大条、碎银的质量、重量各不相同，使用时有诸多不便。于是，钱庄的前身——钱铺、银铺（亦称银楼、炉房、银局）便应运而生，专营货币兑换、签发钱帖（即钱票）和存放款业务。清朝时的北京强手如林，"京城内外，钱铺不下千余家”，仅前门、哈德门一带就有 20 余家，最大者首推位于东四牌楼的恒利、恒和、恒源、恒兴四家联号。以内务府外账房自居的“四大恒”财大气粗、声势显赫。北京各银铺、钱铺买卖金银、制钱，出具银票、钱票以及存款、放款均唯其马首是瞻。然而晋商所创办的“泰原钱铺”却不畏强手，以信誉为本登台“打擂”，逐渐由小到大，发展成与“四大恒”分庭抗礼、共执牛耳的著名钱铺。而泰原钱铺本为西华门南长街一所破庙内的小布行，掌柜见“四大恒”等经营钱业获利丰厚，遂改弦易辙，向步军统领衙门缴纳纹银 500 两，领了个钱幌子悬于庙外。为了树立信誉，泰原钱铺每出一张银票，必根据银票面额包起等量现银封存于土窖库中。某年，一位旗人将现银 10 万两存于铺内，迨至 6 年后提款时，当初存银竟原封未动、完璧归赵。泰原钱铺此法可谓笨拙，但用心良苦。字号信誉由此昭彰于世。存款者蜂拥而至，应接不暇，大有超越“四大恒”之势。声名鹊起的泰原钱铺与“四大恒”几于并驾。“四大恒”卧榻之侧岂能容得他人鼾睡！故而凭借自己所把持的钱市开盘大权，对泰原钱铺极尽排挤、倾轧之能事。甚至当泰原钱铺因“四大恒”管事因故未到而偶开行市时也遭痛斥，并强令停止。泰原钱铺对欺行霸市者也不甘示弱，暗地里陆续积存“四大恒”银票 20 万两，某日赶着骡车到“四大恒”兑取银票，声明全部兑现。当时，如果出票字号兑现稍迟，就算无信用，会坏了字号声誉，因而致使“四大恒”一时手忙脚乱，从此不敢轻视泰原，泰原钱铺这才在京扎稳了“营寨”。

诚信无欺、公平交易是商号信誉度的基石，诚如西方民谚所说：“罗马城不是一天建立起来的”，商号信誉度的确立也非一朝一夕之功。晋商有着“称雄商界五百年”的美誉，各地山西会馆或山陕会馆的有效规范措施，以及从中得到实惠的老客户的口头传颂，潜移默化间培植着晋商的信誉。有了这一历史积淀，愈是持久的商号，其信誉必然愈高；而不遵守规则的商号，终究要被淘汰。当时的票号没有国家力量做背景可以依赖，当时的法律也不健全，不可能通过法律来保护储户权益。可以想见，如果缺少了诚信，人们根本无法放心地把钱交给山西票号。没有朝廷和官场保护，又得不到法律援助，在这样的大背景下，山西商人要做起异地兑换这样的金融事业，非常重要的一点就是信用。这是把儒家农耕文明中的诚信和商业文明组合在一起的诚信。

三、民信传书助我行　御驾亲征沐春风

在外经商者的最大抱负莫过于衣锦还乡，可商海坎坷，能成功者毕竟是少数。一事无成者，碍于自尊，多无勇气重返故里。家人的日夜思念，偶尔经同乡捎回的平安信，稍稍抚慰一下心头愁绪，但过不了多久，又会被遥遥无期的等待所淹没。商人在外经商时所体验的肌肤之苦，晋商的“驼道”之行体现得可谓淋漓尽致：“千里路途，经常吃在驼峰上，睡在牛车里。车上柳杆为架，架上虽有席、毡覆盖，但前后开洞，风雨直逼车中。晚间露寝冷卧，白日骄阳严酷，咄咄逼人。车中局促，睡不能伸足，坐不能展腰；路途饥渴，逢泉即饮，苦咸腥涩，遍尝其味……”而思乡的苦楚，因无传递书信的渠道，更难以忍受。封建时代皇权为了加强对辖内各省份的控制，修建了四通八达的驿道，其用途无非为传达中央的命令，转递地方官员的奏章，以及办理一些皇差。每个驿站皆分派专员，配置马夫、铺兵和役马。以山西曲沃侯马驿为例，“在清代前期，就配有役马77匹，马夫、厂夫、铺兵共167名，年经费耗银4 600余两”。老百姓虽可行走驿道，但驿站却向他们挥手拒绝，民间又无专门的书信传递机构，致使在外经商者苦不堪言，无奈也只能通过老乡的口头传话或捎带书信与家人联系沟通，孤身在外者，往往一二十年不得音信，且有客死他乡者。

在我国两千多年的封建社会中，只有官办官用的邮驿制度，没有为民间提供服务的机构。“烽火连三月，家书抵万金”，是民间书信往来困难的真实写照，商号何尝不饱受通信不便之苦呢？中国商号实行总分号制居多，总号设在故里，

晋商驼帮

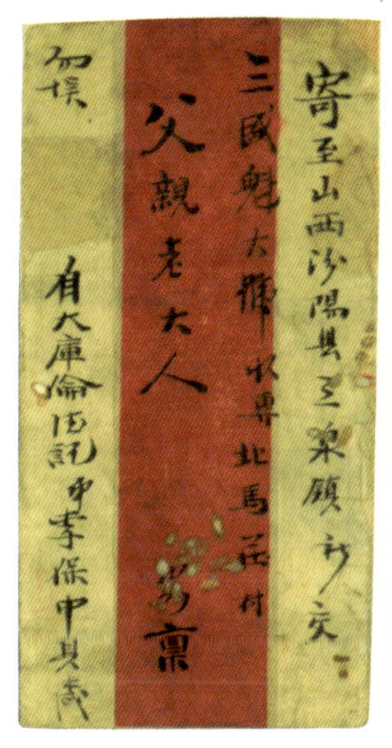

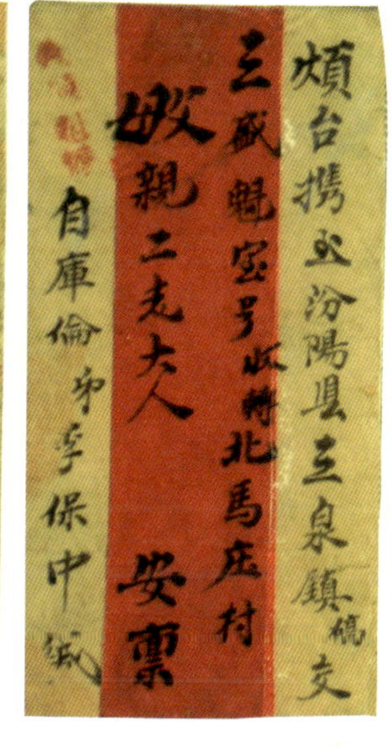

旅蒙晋商家书

分号则遍及全国，民间信息的不畅通便直接影响到了大商号的扩大经营。以日升昌票号的前身西裕成颜料庄为例，总号设在平遥，京师、天津、汉口、重庆等地都有分号，总号与分号之间的信息交流，只能靠购货或运销货物的伙计来转达。各分号如若发生意外变故，总号则束手无策，一时难以制定出好的应对策略。明清以来，随着商品经济的发展，外出经商的人日益增多，民间通信成为普遍的呼声。在嘉庆、道光年间，由宁波商人首创的为民间服务的民信局诞生了。它的诞生，结束了我国民间书信不通的历史，是我国邮政事业发展的转折点。民信局在开办之初，仅收寄信件，逐渐才开始办理汇款，收寄包裹，业务范围日渐扩大。民信局所寄信包如有遗失，会照数赔偿；它的营业，往往不限定时间；实行按年结账、折扣付费及由寄信人和收信人各付一半寄费等规则……这些都给公众带来极大的便，因此逐渐取得国人的信任。而山西票号在成立之初，主要通过汇票和信件从事异地资金的汇兑，显然，民信局的诞生使票号的正常经营成为可能。民信局实行分支机构制，一家信局在许多城镇设庄，一个城镇有几家到一二十家民信局，故而能邮通天下。

信局的普及携手票号的繁荣使得社会又向前迈出了一大步。同治元年（1862）之前山西票号各总号与许多城镇不能直接通信，发出的信函必须绕道转寄："平遥寄苏州的信，要经京城转寄；汉口、合肥、扬州寄平遥和京城的信，要经苏州转寄京城，再转寄平遥；京城和苏州寄江西南昌或铅山县河口镇的信，又要经汉口转寄；如此等等。"信局的发展也急需步入快速发展的轨道，迂回绕道不可避免地带来了许多不利因素：一则延长了信函传递时间，二则增加了票号投寄信稿的资费，三则有可能贻误稍纵即逝的发展商机。

信局的出现，获益最大的莫过于商人，在很大程度上，它为离家散居的商人提供了一条联络感情的便捷通道。此前经由老乡口头传达或捎带书信的做法渐渐被取代，而票号也从中觅得了发展机会。可以这么说，如若没有民信局，票号业无从创办；而民信局分支机构的日渐增多，依之而生存的票号业经营成本亦随之下降。两相促进，两种行业都得到了极大便利，潜移默化间，两者都得以快速地发展。

延伸阅读

民信局封，指的是经过民间商业性通信组织寄递的信封。中国民信局约始创于明朝永乐年间（1403—1424）。清代同治、光绪年间是民信局的全盛时期。民信局封是中国民间邮递的证物，有一定的邮政史价值。从广义上看，民信局封是可以被称为"史前封"的，因为在1878年7月末8月初海关邮政发行大龙邮票以前的实寄封、简，都称为"中国史前封、简"。除了民信局封外，还有驿站封、史前公文封、华洋书信馆封、文报局封、侨批封等同样的"史前封"。

第三节 寻觅商机 东西相像

在平遥最繁华的商业街上，有一家不起眼的三间宽铺面，挂着“中国票号博物馆”的牌子，匾额题着“日升昌记”。这就是中国最早的、叱咤中国金融业百余年的民间银行——日升昌票号旧址，它是在平遥西裕成颜料庄基础上创建起来的。

关键词：西裕成颜料庄 日升昌票号 英格兰银行

一、独具慧眼觅商机 惊世之举破天惊

晋商足迹遍布全国，甚至垄断了中俄边境贸易，业务扩展到俄国、日本、中亚，当时的山西便成了中国北部、东北和西北贸易的交通要道。如果仅仅局限于贸易交往，哪怕晋商本事再大，也未必能在竞争中脱颖而出，现实要求晋商必须敢于创新，才能开辟新的局面。事实上，历史转折往往起源于一件小得不能再小的事情，甚至萌生于某人的一个念头。

几百年前的潞州（今山西长治）丝织业发达，带动平遥一带生产颜料。当时，经营颜料是平遥商人的一项主要生财之道，他们以平遥为根据地，把经营的脚步迈向北京、天津等地，并在北京形成行业垄断，他们卖了颜料之后就急需请镖局将银子运回平遥。平遥县达蒲村的李家就在雍正年间办起制作颜料的手工坊，他们把购买回来的铜片经过醋泡，生长出铜绿来，然后把铜绿剥下来，制成颜料出卖。李家的西裕成颜料庄先在平遥的西大街路南设立总号，后又在北京崇文门外草厂十条南口开设分号。由于自产自销，产销兼营，所以生意一直很好，发展也很快，不仅在北京设立了分号，还相继在四川、沈阳、天津等地设立了分号。到嘉庆年间，西裕成颜料庄在北京的分店，以其规模大、资金雄厚而列众商之首。

嘉庆年间，天灾频发，在河北、河南、陕西爆发了白莲教和天理教起义，社会动荡，镖银经常被抢。西裕成总经理雷履泰随机应变，将在京津一带卖

日升昌票号牌匾

中国近代银行的乡下祖父、中国近代金融业的里程碑——日升昌票号，如今只剩下那块黑色的牌匾，令人缅怀。

颜料收来的银子支付给需要在当地用钱的山西人，让他们的家人在山西将银子交给平遥总号，从而避免了长途运送银子的风险。随后，在全国各地的西裕成分号之间开始以汇票代替直接运银子。在北京的山西商人纷纷请雷履泰帮忙，把要捎回老家的银子交给西裕成北京分号，由分号写信通知平遥总号，然后在总号支取银子。开始只是纯粹帮忙，后来请求帮忙的同乡越来越多，给商号的经营带来了不少麻烦，于是经过协商，同乡付给颜料庄一定的手续费，比如在北京交了 100 两，在平遥取 98 两。开始时北京分号的掌柜雷履泰没有把这区区 2 两银子放在眼里，可年终一结账，发现手续费收入惊人。当雷履泰被调回平遥总号任经理时，建议东家将颜料庄改为专营银两汇兑和存放款业务的票号。

这时，西裕成颜料庄已具备办号的条件，一是有财势和信誉，二是有干练的人才。特别是第二个条件，在众多的山西商人中，唯李家所独具，因为麾下有一名“拔乎其萃”的人才——雷履泰。乾隆三十五年（1770），雷履泰出生于平遥县细窑村，从小读书，聪明好学，学识超群。因雷父受当时“弃儒就商”社会舆论的影响，再加上家境不算富有，就让雷履泰当了西裕成颜料庄的学徒。雷履泰入颜料庄后，吃苦耐劳，勤学好问，因此深为经理所器重，很快成了先生、第二副经理，40 多岁就担任了西裕成颜料庄的经理，并成为众商中的头面人物。除雷履泰之外，还有第一副总经理毛鸿翙、第二副经理程清泮等，都是些善于运筹的干练之才，所以说西裕成人才济济。

于是，李大全先拿出25万两银子，10万两用于颜料生意，15万两用于票号生意，对比看哪项获利更丰。结果这年票号赢利10万两白银，远远超过颜料庄收入的4万两。而后，李大全果断拿出30万两白银，将名下所有颜料庄都改为票号，于道光初年（1821），将西裕成字号改为日升昌，由经营颜料庄改为专营汇兑票号，正式成立了中国第一家票号——“日升昌”号，意在如日东升，生意昌盛。自此，在中国产生了以营利为目的的专业汇兑机构。这是自唐以来，中国汇票经验的继续和发扬，是一代风流人物把汇票

雷履泰旧居正房——“晋元楼”

雷履泰旧居位于山西省晋中市平遥县城内书院街11号，2013年被列为第七批全国重点文物保护单位。

由兼营引向专营的创举，它使整个国家埠际间的货币清算，开始进入以汇兑清算为主代替运现为主的时代，开辟了中国金融业的新纪元。

西裕成改为“日升昌”，这个牌号，一来标志着新的盈利途径的开阔，二来寓意着汇兑和存放款业务的繁荣昌盛。“日升”似旭日东升，光照大地，万物复苏，一派繁荣“昌”盛之景象。更有文人以笔墨助兴，拟有一副对联，木刻而成，挂在该号平遥西大街铺院过厅的两柱上，保存至今。联云：

日丽中天万宝精华同耀彩

升临福地八方辐辏独居奇

这副对联，把“日升”两字放在对联之首，称颂之情溢于言表。“日丽中天”“同耀彩”，“升临福地”“独居奇”，确实也是这样，日升昌每在一个城市设庄，虽然那里是“八方辐辏”，唯独票号一业“独居奇”。

日升昌票号后院

二、纵览西方朝阳升 我辈拂晓道相合

欧洲的地理大发现，引发了海外市场的扩张。商品交换不再局限于一个地区、一块大陆或是世界的某一部分，一种全球性的商业买卖关系和商品输入输出的相关性更加紧密。各种各样的货物在各大洲之间、在各洲内部靠商业贸易在源源不断地流动着。商人已经搭上国家海外扩张的航船前进在世界的每一个角落，商业资本空前活跃，一个全球性的国际市场正在逐步形成。另外，由于市场的扩张，其需求不断扩大，商品交换机制和商业经营机制发生变革，商品生产在地理上和消费市场相分离，更多的原料作为商品而生产，原料生产者也在地理上和制造商相分离，改变了过去原料生产者、制造商和消费者相隔不远的地理格局。英格兰也参与进了这种扩张的商业活动和国际市场的形成过程中。17 世纪末，商业中心转移到了英吉利海峡附近，伦敦成了对欧洲大陆不断扩张的再出口贸易的中心。重商主义思想在英国形成并发展起来，从政府到普通民众对财富的追求都到了近似疯狂的地步，重商主义思想成为国家的主流思想。

英国商业的发展既依赖于货币状况与信贷条件，又为金融服务业的发展奠定了坚实的资本基础并提出了新的需求。一个正在兴起的商业帝国对货币的需求量达到了空前的程度，而近代初期欧洲货币存量的短缺成为制约其发展的瓶颈。尽管 16 世纪中叶以后，美洲白银的发现及流入引起欧洲货币存量的净增长，但这种净增长的速度仍然滞后于支付手段需求的迅速增长。短期性货币匮乏将资金突然周转不灵的商人陷入窘迫的境地，甚至导致其破产。另外，欧洲货币制度实行金银复本位制，美洲白银流入后引起黄金对白银市场比价的上升，而欧洲各国又无法相应地改变金银的官方价格。由于缺乏比较灵活的解决方式，商人在进行贸易时就只能依赖于现金支付。大西洋经济的扩张通过消费信贷中的“展期”鼓励着更大范围的信贷扩张以及信贷期限的延长，从而更进一步强化了通过商业和信贷工具的使用，加速货币流通的需要。为达到这样的目的，信贷工具就必须是可以汇兑的。如果要承担一个商业帝国在市场开拓、工农业生产、国内外贸易等领域运作中所需的大宗款

英格兰银行

作为英国的中央银行，是当时全世界最大、最繁忙的金融机构。

项往来，建立完善的金融机构、富有弹性的货币供应以及便利的信贷体系就成为必需之举。诚如马歇尔在《货币、信用与商业》中所说："除此之外（巨大扩张力外部市场和相对完善的国内市场的建立），还需要把整个帝国的金融资源至少像军费那样很好地组织起来，为此而采取的一项最重要的步骤是创办英格兰银行。"尽管英格兰银行初创时是一个支持政府对外战争的纯政治组织，但它是以银行券的发行垄断权为交换条件的。它的建立也是生息资本家追逐更大空间资本运营和利润回馈的商业性选择。同时，英格兰银行业中的其他私人银行和地方银行也是在这一时期应商品经济的发展而产生的。

中国在 15 世纪之后，即明清时期，北京、平遥、汉口、苏州、杭州等城市商品活动达到了很高的水平，被经济史学界认为是中国资本主义的萌芽阶段。这个时期的农业已经出现商品化趋势，商品跨地域流通，商业资本空前活跃，社会人口结构发生变革，农业人口开始向商业人口转移，商业队伍不断壮大并形成晋商、徽商、陕商等全国性的十大商帮。中国商人通过海路和陆路积极地参与国际贸易活动。特别是十大商帮之首的晋商更是在北路贸易中一路领先，开辟了一条经恰克图连接欧亚商品市场的商路。中国商品运往俄罗斯以后再经俄罗斯商人转手投入到全球性国际市场之中。另外，晋商通过其遍布全国的商业网络机构，与日本、朝鲜、印度以及东南亚地区进行着广泛的商业往来。中国也在积极地参与国际大市场的形成。明清之际的中国，重商主义思想也稍稍抬头，商业在国家经济部门的作用日见其效。

中国的商业资本空前活跃，必然会对货币流通总量和货币流通速度提出

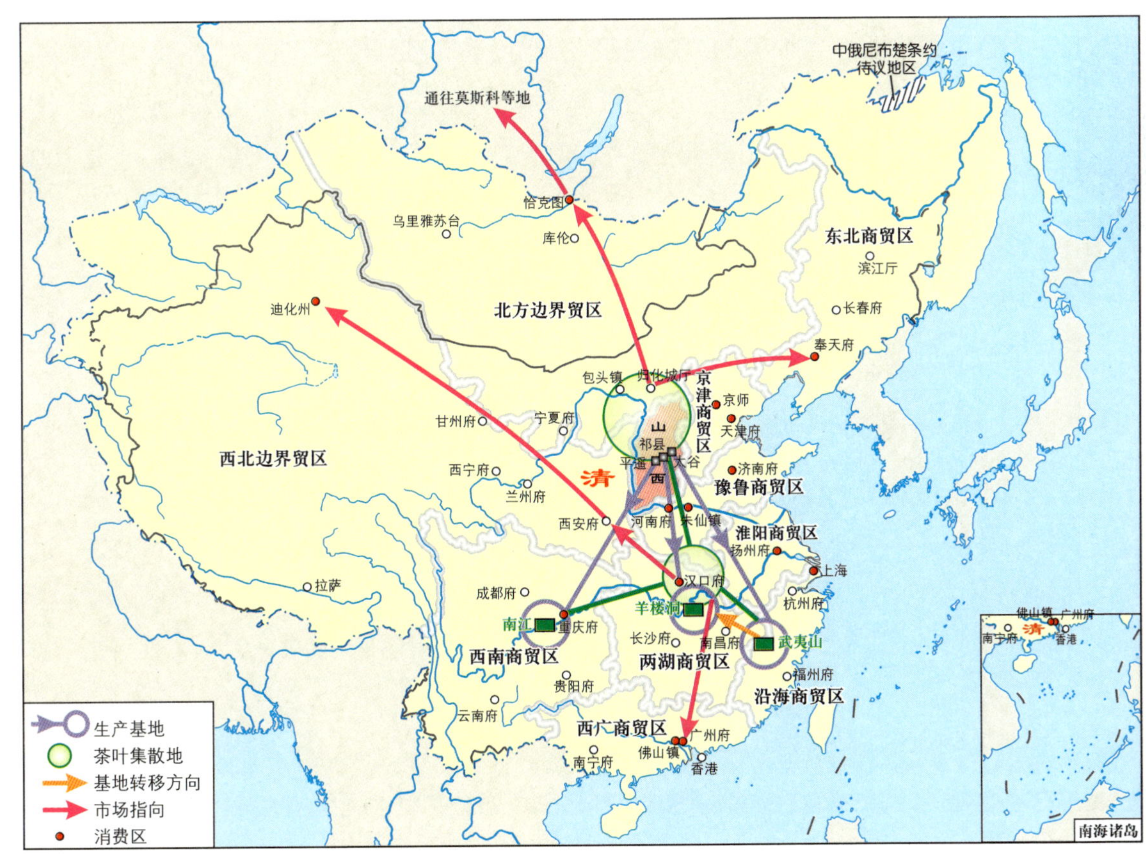

◎ 晋商贸易区域指示图

一定的要求，而市场上纸钱和银两并存的货币制度为通货的兑现和周转带来诸多不便，以往靠镖局运送现银的货币清算制度也因安全系数的降低和运现的费时费力渐显其弱点。当时存在的货币金融业银号、钱庄只经营货币兑换，由于资本很少，暂不经营存放款业务，更无从经营汇兑；印局和账局由于受经营地域的单一性等限制也同样难以满足市场对货币金融业的需求。故创办新的金融机构，用于满足工商业存放款业务和汇兑需求成为一种商品经济发展的必然趋势。商人为扩大经营和调剂资金周转不灵而引发对货币需求量的增加和对新的信用和信用工具的需求。驻足于北路贸易的晋商更能迫切地体会到这种需求，同时山西商人集中于北京、天津、汉口、南京、苏州等商埠，更造就了其敏锐的商业眼光。加之其早期经营典当业、银号、钱庄、账局等金融组织所积累而来的金融经验、历代传承的良好信誉、丰厚的商业资本积累，特别是其因垄断北边互市贸易而拉动的一条从南到北的商业线上遍布全国的商业网络机构，为山西票号的产生奠定了基础。这是晋商独有的，也是其创造票号的有利条件。

第三章

三帮鼎立分天下
三十载春秋话发展

从 18 世纪后期到 19 世纪初叶，短短几十个春秋，我国的商品经济和国际贸易便有了长足的发展。与国内外贸易相伴而生的是货币流通量的迅速增加，大量的货币在各城镇间频繁调拨，解决与商品流通同步进行的异地拨兑势必会摆在我们面前。山西票号的脱颖而出，将汇兑业务推向民间，为商业活动中银钱的异地调拨开辟了通途大道。“一纸汇票甫到，百万现金立取”，使款项“汇通天下”，既安全可靠又省时省费。因此，它从诞生之日起就显现出旺盛的活力，分号不断扩展，形成遍布全国的金融网络。我国埠际间的货币清算，开始走向以汇兑为主代替运现为主的时代，大大促进了全国商品物资的交流，加快了商品经济发展的进程，促进了社会的繁荣与进步。

晋商们坚持着“以商致财，用财守本”的立业思想，本着“诚信不欺，利以义制”的诚信经营价值观，凭着“以人为本，和气生财”的重人信用大于重物信用的管理理念，以百折不挠、积极进取的精神，同舟共济，凭借他们的经商智慧，娴熟地驾驭着工商业市场的正常运转，在票号刚刚起步的三十多个春秋里，为中国社会经济的快速发展作出了突出的贡献。

第一节　遍布天下　工商福音

日升昌可以说是中国票号业中“第一个吃螃蟹”的，可就在日升昌票号发展得红红火火的当口，掌柜之间产生了纷争；内部的争端最终演变成日升昌与蔚字号之间激烈的市场竞争。竞争给市场带来了活力。竞争双方迅速成长壮大起来。那些家财万贯的财东们看到了票号业包含的巨大利润，纷纷效仿；票号业迅速发展起来，很快，全国的各个通都大邑、工商重镇都可以看到山西票商的身影。

关键词：雷履泰　毛鸿翙　蔚字五联号

一、雷毛反目惊天变　毛氏力挺蔚五号

雷履泰、毛鸿翙两位掌柜都是久经商场的高手，深谙生财之道。经营伊始虽然盈利丰厚，但他们并不满足于现状、止步不前，而是眼望娘子关外，手伸大江南北，意在谋图大业，称雄票号业。在他们的苦心经营下，日升昌一时门庭若市，广开财路，呈现出一派蒸蒸日上的兴旺景象。但随着事业的不断壮大，出现了“内部人控制”，雷、毛两位强人之间的矛盾逐步加深，并逐渐发展成相互猜忌、争功夺利、互相排挤的老对头，致使日升昌的“银山”已无法容纳商界的“两只老虎”。

在日升昌的起步阶段，雷、毛遇事相互协商、相互扶持，但随着事业的不断兴盛，大掌柜雷履泰自认为日升昌所取得的成就是他一人的功劳，因而踌躇满志，唯我独尊，处理号事时常常独断独裁，颐指气使，盛气凌人。李氏聘任雷履泰出任票号经理后，对他十分信任。但是雷氏为人心胸比较狭窄，对票号业务不论大小都亲自过问，不让二掌柜毛鸿翙插手，甚至在自己生病时也不放手。毛氏对雷的这一做法深为不满。一次，毛氏趁财东李氏看望雷履泰病情的机会，向财东建议因雷氏病重，可让雷回家休息养病。东家见雷掌柜带病工作，确实于心不忍，又经毛掌柜一说，于是找到雷氏好言相劝道：“你带病工作，恐操心过甚，于病体不宜，不如暂回家调养一段为好。”雷掌柜一听此言，便料定是毛鸿翙从中作祟。虽心中怏怏，但也声色不露地坐车回家了。

◆ 蔚泰厚票号

介休侯家的蔚泰厚总号位于平遥县西街，与日升昌票号曾只隔一个小烧饼铺。隔间相望的竞争态势，曾经成就了山西票号的繁荣景象。

没过几天，东家去探望病中的雷掌柜，进屋一看，见案上、桌上堆着许多信件，随手拿起一看，不觉大吃一惊。原来是雷掌柜吩咐日升昌各地分庄结束业务撤庄的信件。东家忙问缘故，雷履泰道："日升昌是你的生意，你是东家，但各地分庄是我安置的，我有权收回来交代你，也请你另请高明接管，我从此就告退了。"东家一听，焦急万分，急忙劝慰雷氏不必多疑，身体为重。雷履泰愤愤不平地说："现在有人想取我而代之，我还怎能干下去，只好他干我不干。"这时东家才醒悟过来，心想：雷、毛两位再也无法相处，为保全日升昌家业必须速定取舍。东家迫于无奈，恳求雷掌柜不要告退，并保证不听信小人胡言，对雷掌柜管理日升昌深信不疑。雷履泰见东家给了自己面子，便不再坚持己意，收回前言，表示愿为日升昌效尽犬马之劳。这样一来二往，雷履泰与东家的关系比以前更为密切。这一切被二掌柜看在眼里气在心上，自

李东家恳留雷履泰（模拟场景）

商业竞争的实质是人才的竞争，优秀的管理人才是企业成败的关键。

觉日升昌已非留己之地，只得另谋出路了。

正当毛鸿翙因东家信任并且重用雷履泰而不得不自行辞职出号的时候，适逢介休大财主侯培余正在酝酿将其蔚泰厚绸缎庄改组为票号，苦于找不到熟悉票号业务的人才。于是，侯氏立即把毛鸿翙请去，将其在平遥县开设的蔚泰厚绸缎庄首先改组为票号，接着侯氏的天成亨布庄、蔚盛长绸缎庄、新泰厚绸缎庄和蔚丰厚绸缎布庄，也先后或同期改组为票号。一来由绸缎布庄改组为票号的蔚泰厚、天成亨、蔚盛长、新泰厚、蔚丰厚均开设在平遥县城内，二来这些票号资本家都是以介休北贾村侯氏家族为主，故称“蔚字五联号”。毛鸿翙由受人排挤的二掌柜一跃变为大掌柜，对侯东家的知遇之恩真是感激涕零，发誓要与日升昌票号一决雌雄。

毛鸿翙一上任，雄心勃勃，励精图治，锐意经营，使蔚泰厚票号的业务蒸蒸日上。东家念其经营有方，成效显著，除在蔚泰厚给毛鸿翙顶人力股一俸外，又在改组后的新蔚泰厚给毛鸿翙顶人力股一俸，以资鼓励。重奖之下的毛鸿翙更是鞠躬尽瘁，在所不辞。随之，他用“加官晋爵”的办法从日升昌挖走两个熟悉业务、精明强干的伙友，到蔚泰厚效力。仅一年时间，毛为侯家运筹帷幄，调兵遣将，把蔚泰厚的业务经营得突飞猛进。

当雷履泰知道了毛鸿翙就任蔚泰厚票号的大掌柜后，便暗自加劲，意欲一争高低。雷、毛两位互不示弱，各显神通。雷履泰为了保持日升昌在各地市场上“独居奇”的地位，在与蔚泰厚的激烈竞争中，总想在业务上把对方压倒，常常放款减息，少收汇费，与蔚泰厚争揽顾客，搞得蔚泰厚一些分号苦不堪言。道光二十四年（1844）六月，蔚泰厚苏州分号向它的京师分号诉苦道：苏地钱店以及为士人学子捐纳功名等生意，由于日升昌揽做，咱号概不能做分文。随着日升昌与蔚泰厚竞争的加剧，雷、毛两人的关系也愈来愈恶化了，以至发展到雷履泰生下儿子叫雷鸿翙，毛鸿翙的孙子叫毛履泰。两人结怨日渐加深，成了势不两立、老死不相往来的对头。

毛鸿翙

从此山西第一家票号，由于经理人的争权夺利而分裂，这对日升昌来说是坏事，但这一分裂却由于市场空间甚为广阔，彼此的竞争推进了山西票号的发展。票号的创立和经营，特别是汇兑和内部账务处理等都有一套既定的运作程序，其创办者为保他们的自身利益，起初总是保密的，轻易让外人知道只会断其财路。山西票号由一家发展到多家，并且随后新成立的票号都有了娴熟的经营汇兑经验，必然得益于日升昌票号培养和输送的人才。在日升昌票号刚刚问世正力求向各城镇扩展之时，人才的缺

延伸阅读

毛鸿翙，平遥县邢村人，生于乾隆五十二年（1787），卒于同治四年（1865），曾任日升昌票号二掌柜。与大掌柜雷履泰意见不合出号，乃就任介休贾村侯姓蔚泰厚绸布庄经理，于道光二十四年（1844）将蔚泰厚改为票号，并与山西浑源县常姓合股，将蔚长厚布庄于同治三年（1864）改为票号。

乏可想而知，别家想得到人才那简直是不可能的，况且，即使它有多余人才，资本家唯利是图的本性，也不会主动把人才送给别人。历史事实表明，在这种情况下，是日升昌票号内部经理间利益冲突，造成分裂，一些人愤然离开日升昌，才导致第二家或多家山西票号的相继问世。

二、众商家纷纷仿效　平祁太三分天下

平遥蔚字五联号票号出现，蔚盛长、蔚丰厚、蔚泰厚、新泰厚、天成亨等几个绸布庄此时均改组为汇兑的票号，组成了一个票号大集团。这几个商号的改组成功，在当时产生的影响不亚于一场大地震。道光十八年（1838），日升昌财东和掌柜议定，由日升昌票号出资，成立日新中票号，以增加与蔚字五联号的抗衡力量。从此，平遥票号发展到 7 家，初步形成了山西票号中最早的平遥帮，走过了平遥票号的初创阶段。受到日升昌票号成功的鼓舞，山西商人纷纷设立或改营票号，极大地促进了当时商业贸易的发展。

平遥票帮形成后，生意日益兴隆，业务蒸蒸日上，可观的利润使邻近的祁县、太谷的大财东也纷纷起而效仿，将正在经营的铺号改营票号，“自是，长江各

◆ 蔚盛长票号

相比日升昌票号如今的完整保存，这块牌匾和院落似乎要被历史所遗忘。

江各埠的茶庄、典当、绸缎、丝布业，以及京津一带皮毛杂货业之晋商，陆续改营或兼营票号”。从道光初年（1821 年）第一家票号日升昌问世，到咸丰初年（1851 年）这三十年间，山西票号经历了第一个大发展时期。这一时期，山西票号不仅数量迅速增加，而且它的覆盖面也日益扩大，逐步形成山西票号中的平、祁、太三帮。这是以总号的所在地来区别的，即总号设在平遥县的为平帮，总号设在祁县的为祁帮，总号设在太谷县的为太帮或谷帮。它们的分号遍及全国各地，其覆盖面向南已越过长江直达广州，向东北直达盛京。据统计，仅日升昌、蔚泰厚、日新中三家票号，道光三十年（1850）时，已在京师、张家口、苏州、汉口、广州、长沙、常德、汴梁、济南、西安、成都、重庆、扬州、清江浦、河口、三原、天津、芜湖、周家口、屯溪、南京、沙市、盛京 23 个城市设立了 35 处分号。这些分号的广泛开设，为上述城市间的商业贸易和资金周转带来了极大的方便，有力地推动了这些城市商品货币经济的迅猛发展。

平遥、祁县、太谷三帮票号，营业活动区域大体上呈分合演进状况，所谓“平帮的营业在正西、西北和长江，祁帮在平津和东北，太帮在广东和长江”之说，反映了票号初期发展状况，后来随着业务发展，各号竞设分号，上述活动范围也渐被打破。在 19—20 世纪，山西票号在全国各商埠广泛设立分号，基本垄断了当时清朝的汇兑业务，从而形成了一个庞大的汇通天下的金融网络。

蔚泰厚票号分号增设情况

1850年前已有数家		1858年增设于			1879年增设于			1879年后13个分号所在地
分号数	所在地	新增		实有数	新增		实有数	
		号数	地名		号数	地名		
6	北京、苏州、汉口、常德、沙市、奉天	1	天津	7	6	上海、杭州、重庆、成都、长沙	22	上海、天津、汉口、北京、苏州、长沙、沙市、常德、成都、重庆、三原、广州、奉天

蔚泰厚票号分号增设情况

 三、工商重镇有票号　利己利人汇兑也

山西票号随着家数的增多，逐渐由京、晋向各地扩展，到了19世纪50年代，基本上遍及我国的工业重镇，从而承担了城镇间的货币清算，以汇兑方式代替了现银输送，节约了社会劳动，有利于商品经济的发展。

日升昌票号问世后，接着就产生了蔚泰厚票号及联号等其他山西票号。19世纪20年代到50年代这一阶段，票号的活动区域逐步向南扩展，分支机构遍及全国各大中城镇，并在全国范围内形成了几个业务比较发达的据点：长江以南为苏州，长江中上游及西南各省为汉口，西北及口外为天津、张家口等。票号还利用垫支汇款、顺汇、逆汇等方法，使业务活动开始介入存放款领域，业务范围得到扩展。如1847年蔚泰厚苏州分号已有存款3.6万两，放款8万两；1850年末，日新中北京分号也有存款3.7万两，贷款近7万两。这些都说明票号已经超出单纯汇兑的范围，成为集存、放、汇于一体的较为完备的金融组织。特别需要指出的是，在这一时期，山西票号利用自己的业务优势和太平天国造成的清政府财政困难的机会，使自己同官府结下密切的关系，成为票号发展过程中重要的转折点。

在鸦片战争前，票号的经营者几乎全是山西商人。其中，1861年，全国14家票号全部为山西商人所开；1883年全国票号30家，有27家为山西商人所开；1893年，全国共28家票号，有25家为山西商人所开；到1911年，全国尚存票号26家，有24家为山西商人所开。山西商帮除在国内各省设立票号外，还在国外如朝鲜新义州、仁川和日本大阪、神户、横滨、东京等地设立了票号。

杨荫溥说："自票号之兴，国内贸易日便，商业渐盛，而本地换钱铺，亦随之发展。"这里，他分析的虽然是票号对于近代天津商贸金融发展的作用，实际上对于全国亦然。从山西票号在全国的总体分布来看，当时票号设分号所在的城镇，也都是国内国际贸易的重要市场和交通枢纽，对商品经济的发展具有重要作用，以下是除我们熟知的京师和苏州外的一些其他重要商业城镇。

汉口地处长江左岸汉水汇合之处，通过长江、洞庭湖和汉水，与云、贵、川、湘、桂、陕等省相通，因而是连接西南的一大市场。乾隆十年（1745），汉口已经是“户口二十余万，五方杂处，百艺俱全”的工商业城镇，以“盐、米、当、木、花布、药材六行最大，各省会馆亦多，商有商总，客有客长，皆能经理各行各省之事”，“江湖数千里，商帆估舶，千万成群”。汉口既是各省货物的集散市场，又是工厂手工业活跃的场所。单铁器制造业，“有铁业十三家，铁匠五千余人”，“派买铁行之铁，督各匠昼夜赶造农器数十万事，约工价五万两”。正是由于汉口工商业的发展，票号设分支机构也比较早，而且是在长时期内，每家票号必去设分号的城镇，票号家数之多，超过了所有设分号的城镇。

天津金融的百年繁荣就是从聚集在三岔河口地区的众家票号开始的。清乾隆年间，天津商业繁荣，贸易兴盛，南北货物吞吐集散，来往商人摩肩接踵，中资、外资云集，官办、私营互通。三岔河口作为天津最热闹繁华的地区，出现了换钱铺等可以解决银子与铜钱互换问题的“金融机构”，这也是中国最早的银钱业。但是南来北往的商人们还急需一种可以“既无长途运现之烦，

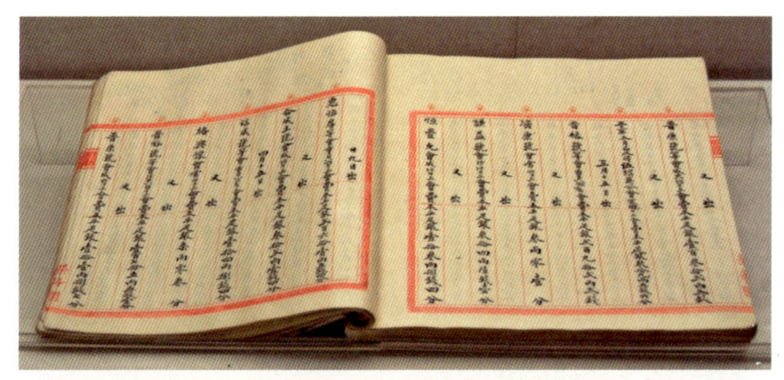

蔚长厚票号汉口票号合总账

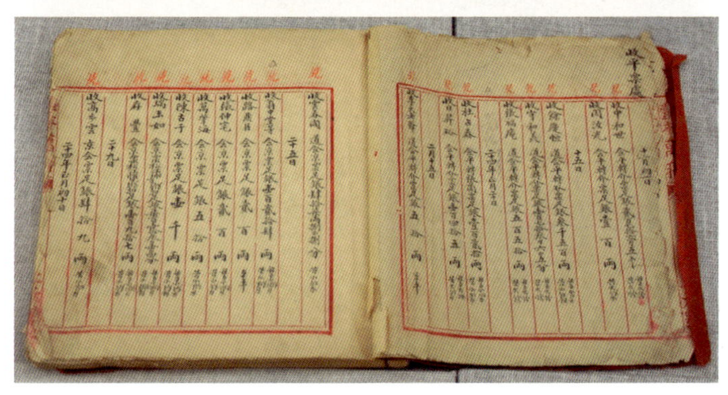

蔚盛长票号账本

泛黄的账册，写满密密麻麻的银两周转数目，它是山西票号盛衰最好的历史印证。

又无中途水火盗贼之险，而收解又可两清”的方法来解决现银运输的难题，“票号”这种实体随即在三岔河口地区应运而生。

日升昌票号成立的第二年，天津分号就在估衣街上的山西会馆旁成立。可见山西商人对三岔河口这块风水宝地的重视。随着天津的繁荣发展，利用票号来进行结算和拓展信用关系的业务，在天津已经非常发达了。这些票号主要集中在针市街和宫北大街两个地方，其中仅针市街、估衣街一带就有票号 25 家。当时票号的功能主要是利用信用支付来代替现金支付，随着商业发展，特别是远途商业发展，票号给人们带来了极大的方便。

19 世纪 50 年代初，票号在全国二十多个城镇设分支机构，从而把东西南北的城镇连起来，用汇兑清算的方式取代了运现银清算的方式，为我国社会经济的快速发展做出了很大的贡献。根据山西一些票号的资料计算，假设 19 世纪 50 年代初全体票号年汇兑 1.2 亿两纹银，如果全部装鞘运送，每鞘装银 1 000 两，要装 12 万鞘，每马驮 2 鞘，需马 6 万匹，其耗费物力、财力、人力和畜力的数目那是相当惊人的。正是票号的兴起避免了社会劳动这种惊人的耗费，所以它才备受社会舆论称赞。票号借助“一纸信符遥传，万两白银立集”的便利，得以“汇通天下、九州利赖”。

“汇通天下”牌匾

第二节 运转奇效 自在其中

事业的成功，离不开天时、地利、人和，三者之间则“天时不如地利，地利不如人和”，可见，人是生产活动中最主要的因素。晋商之所以在商场上辉煌了五个多世纪，与它的管理理念是分不开的，而对人的管理、任用则更是晋商向前发展的不竭动力。

关键词：人力顶身股 标期 汇票制度

一、双股齐驾言激励 东伙同心赛神仙

“得人者兴，失人者衰，认真察看者得之，不认真察看者不得之。”

“兴衰之别，在乎用人，人才之别，全凭鼓舞。”

——李宏龄《同舟忠告》

晋中商人创设了人力顶身股制度，简称“身股制”。票号作为晋中商人鼎盛时期的特殊行业，普遍采用了这种劳资并重的激励制度。它将工作年限和工作业绩作为条件，以人力顶身股，与资本股同样分红，身股与银股并重，使企业员工与财东的利益有机结合，收到了良好的激励效果。

“顶身股”是晋商称雄商界500多年的“秘密武器”，即企业业务骨干的劳动作为资本而“顶股”，与货币资本股一起参与分配。职员只要工作勤奋，没有过失，成绩优秀就可以顶股。一经认可，就将其名字录入“万金账”（即股份账）参与分红。从而使得大掌柜以至分号掌柜、大小管事、伙计、学徒无不竭尽全力为票号卖命，使全体员工感到这不但是在为东家效力，也是为自己干活，是东家和大掌柜创造了职工自己为自己赚钱的机会，人身股把东家和职工的利益紧密地拴在了一起，同舟共济，形成了强大的凝聚力。

人力顶身股制度，顾名思义，就是把人本身当成股份。一个人没有钱入股，没有关系，可以把自己押在那里充当一定的股份，等分红的时候分红就行，这就是我们所说的身股。可不要小看这个身股，他的效果远远比你我的想象要好很多。那时候山西有句话：一等人才去票号，二等人才进衙门，三等人才

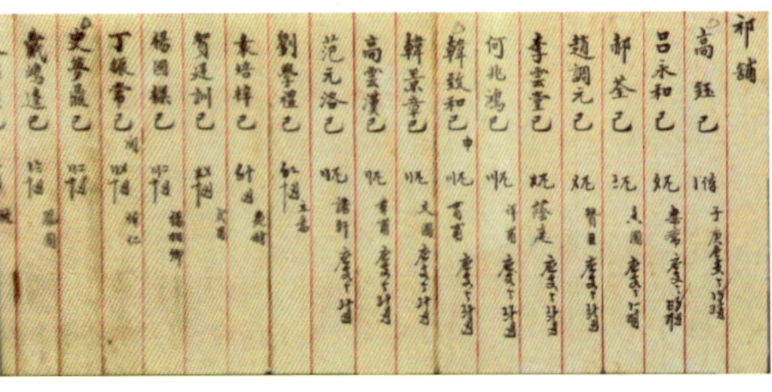
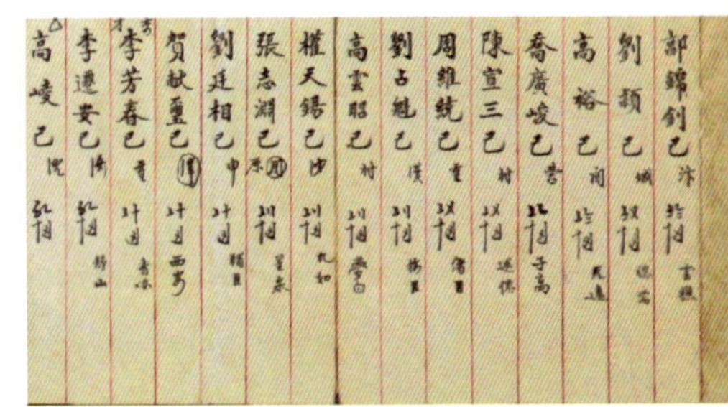

大德恒票号光绪年人位折

“人位折”即记载人身股份的折簿。这个清代折簿记载了当时大德恒票号全国各号人员的人身股份辛金数额。

考科举。据统计，一个一般职员（占总职员 70% 左右），他的分红会比一个七品县令所有的收入（当然不包括贪污）要高得多，这还不包括他固定的薪水、探亲补贴等等。而一个大掌柜（占 1 股）的分红在 1908 年的时候达到 2 万两白银，这比一个皇室亲王的年俸还要高一倍！而随后提到的银股分红则是把供给总号的资本分为若干俸，按俸提取红利。

财东一般采取高薪养廉的办法。一般伙计年薪为 12 两，掌柜为 100 两。须知在当时，一个八口之家吃饱穿暖一年所费不过 3 两，一个县官年俸仅为 45 两。后来票号生意日渐红火，生意的好坏却和员工的薪水无关。为了继续激发员工的工作热情，票号规定员工可凭工资入股，称为“身股”。总号大掌柜可以拿到 1 分股，二掌柜、三掌柜七八厘股不等，一般伙计能分到一二厘股。票号每三四年结算一次，由财东与掌柜商定每红的数目。平日员工家庭开支由票号每三个月送到家里，然后再从红利中扣除。唯一不能享受身股的是信房中的文书先生，如果他享受分红，就有可能因为书信内容牵涉生意的成败，而不如实书写，所以无论生意发展得如何，他的年薪都是 500 两银子。日升昌全国 50 多家分号，掌柜每年年关回平遥述职，述完职后，吃团圆饭。大家都围坐在大圆桌上，面冲门位尊，背对门位卑，排位时既不是按资历也不是按年龄，而是看当年的业绩，业绩最差的背对门坐，连续 3 年背对门的掌柜就要下课回家。这就是现在流行的“末位淘汰制”，各分号掌柜莫不殚精竭虑，视营业兴衰为己之利害。

按身股制，票号的员工能分到多少钱呢？据资料记载，在每个账期（4 年）内，每厘身股高者可达到 1 700 两银子，低者也有 200—300 两银子，正常情况在 1 000 两银子左右。这样，大掌柜有 10 厘身股，每 4 年可分 1 万两银子，各地分号掌柜及中层管理人员身股在 5—6 厘，亦可分 5 000—6 000 两银子。这种收入水平在当时处于什么地位呢？我们把县官与票号分号掌柜来比较。当时一个县官（七品）包括养廉银在内的全部收入为每年 1 050 两银子，4 年才 4 200 两，而票号分号掌柜的收入仅仅分红一项就超过了县官，还不包括每年的免费供给与薪金。这种有效的激励机制是创造票号辉煌业绩的动力所在。

山西票号除了有比较完备的激励制度以外，还有以号规为集中体现的严格的约束机制。各票号的号规从业务办理、职位升迁、探亲休假，到待人接物、德行修养等方面，均作了细致的规定：不准舞弊营私，不准假公济私，不准积蓄贷放，不准懈怠号事，不准贪污盗窃，不准参与赌博，不准吸食鸦片，不准嫖妓宿娼，不准打架斗殴等，违者即予开除。如大德通票号，从 1884 年到 1921 年曾 6 次修订号规，共议定号规 83 条。由于号规严格、详细，执行有力，上

从业学徒秉烛夜书

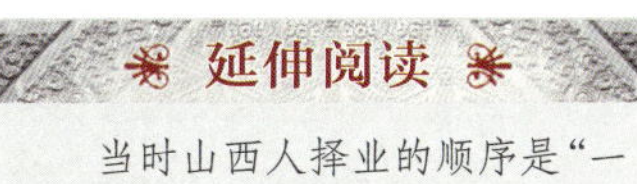

延伸阅读

当时山西人择业的顺序是“一进票号，二进衙门为吏，三才读书考科举”。

至财东、掌柜，下到刚入门的小伙计，有违必罚，所以票号人员违反号规者极少。

山西票号建立了一套完善的、行之有效的激励机制，以及严格的工作制度、养成训育机制和抗风险制度，形成了票号特有的执行文化，这些制度同时也是票号称雄商界的秘密武器，加之山西商人们吃苦耐劳、协作经营的精神，从而铸就了晋商们辉煌的业绩。

二、商家相与容周转　标期一到齐聚堂

晋商作为明清时期第一大商帮，之所以能雄霸商场五百年，就在于诚信为本，善于经营。众所周知，对晋商来说，有一个极其重要的日期——标期，即以晋中的祁县、平遥、太谷运送货物到东口（张家口）和西口（归绥）之间往返所需的时间。因货物都是通过镖局（亦称标局）押运的，故而称为标期。标期是货款结算的日子，是银子说话的日子，一个商家的诚

◇ 晋商镖局行镖图

彪悍的武师、飘扬的镖旗、响当当的镖号，保护和延续着民间的商业往来和人身安全。

信在此也得以体现。

商品交易市场上，货物买卖协议一旦达成，货款的交付便提上日程。从事贩运贸易的商人，从采购商品、长途运输、出售商品，到收回现银需要一定的时间，商人若完全依靠自己的资本往往困难很大，于是借入资金便势在必行。他们从当地钱庄、账局、票号借入资金，采购商品运往异地销售，收到现金运回原籍，归还借款，剩余的就是利润。这样，贸易融资就与异地贩运的时间建立了联系，归还借款的期限就和镖局押运现银的期限一致起来。

标期制度是山西商人基于地缘乡土、社会网络、信息和声誉机制而逐渐形成的一种内部结算制度，更是晋商各商号之间、商家与商家（即稳定的商业合作方，包括同业商家）之间的一种商业信用制度。因商业经营的各个利益方在每一次大的业务往来中，囿于当时运输制度和现银的周转量等客观原因，每一次交易难以即时即地进行现金清算，而发展起来的一种债权债务冲销或记录在案，到期清理债务的信用制度。按照清算范围，标期制度可分为两个层次，一是同一财东的总号与分号、总号与分散在全国各地的连锁店之间的财务结算和清理；二是不同商家之间的贸易和金融往来，无论盈亏，也必须以标期为限，准时清理各方债务。按照清算期限，标期又可以分为“年标”和“季标”两种。无论是年标还是季标，标期一到就意味着上下左右相与商家之间，已经圆满地结束了上一期的财务和债务关系，下一期的业务经营和商业互贸又可以重新开始了。否则的话，对内就要考虑分店和连锁店的整顿和关闭问题，对外则要立即停止相与双方的贸易往来，绝不会为了惋惜一期的损失，而继续维持双方的负债经营的关系，这样既可以避免债务人债台高筑，积重难返，也不会造成债权人的财富因此而受到更大的损失。如到期付不了款，称之为“顶标”，其姓名要在汇兑行业登记，一经登记就成为晋商集团内部所有商人的共有信息，违约者的声誉将会受到损失。如果出现有悖于商业道德的恶意赖账或其他欺诈行为，违约商家将会信誉扫地，从此再无人与之往来，其商业生涯也将就此终结。

在清代，“山西金融之中心，确在太谷，即以标期而言，山西之标分为两种：一为太谷标，即太谷一县之标；一为太汾标，即太原府所属之祁县、榆次，

镖局运银车

与汾阳府所属的平遥、介休之标”。由于太谷在当时山西地区的经济金融地位，独为一标，各路运来的现银，先集中于太谷，办理交收，开出利率，其他各县以太谷为准。太谷每年有春、夏、秋、冬四标，大致每标为期 3 个月，具体日期则要选择黄道吉日。清代一般是由金融业行会与经营南方苏广货物的大商号共同选择日子，到民国初年，则由商业公会与各个行业共同议定。

从西口到太原运标为 20 天，太原标比西口标迟 20 天，再迟 5 天是太谷标期。其他各地标期相隔天数，均按标车运送现银的时间而定。山西、内蒙古等地区的标期制度一直延续到 20 世纪 30 年代。1924 年各地标期如下：

	东口（张家口）	西口（归绥）	太原	太谷	汾阳
春标	2 月 4 日	2 月 20 日	3 月 3 日	3 月 8 日	3 月 12 日
夏标	5 月 6 日	5 月 15 日	5 月 29 日	6 月 3 日	6 月 7 日
秋标	8 月 1 日	8 月 16 日	8 月 24 日	8 月 29 日	9 月 3 日
冬标	10 月 30 日	11 月 15 日	11 月 19 日	11 月 24 日	11 月 29 日

中国北方 17 世纪中期到 20 世纪 30 年代金融界实行的标期标利制度，是山西商人在金融贸易的实践中摸索和总结出来的一个科学的确定银行贷款期限和利率的制度，其科学性就在于按照物资和现银的运动来确定资金供给的时间、期限和利率，使实物流与资金流两流平行运动。这样，既不会出现货币资金的浪费，又能避免银行不良资产的产生，保证货币及时回流，不仅提高了银行资产的质量，又提高了资金的使用效率。如果银行发放贷款时，能按照每笔贷款的具体用途和周转时间确定贷款期限和利息，银行不良资产就会减少或不再发生，由此可见标期标利制度具有重要的理论与现实意义。

三、缘何认票不认人 自有暗语破玄机

票号汇票都写有顾客即汇款者的字号或姓名，但是兑付实行“认票不认人”制度，只要汇票被确认无假，即使取款人与抬头所写不一致，也照常兑付。票号实行“认票不认人”制度是以一系列防伪措施为保障的，具体的办法主要有三方面：

第一，书写字迹。票号每个分号收写汇票的人都是固定的，此人的字迹要通报各分号，使大家都认识。中国书法艺术一人一个样，是不容易模仿的。后来，大德通票号又规定分号经理还必须在汇票上签字，不准别人代劳。这点被后来 20 世纪 30 年代的银行借鉴，虽然汇票和支票都改用钢笔书写了，但经理人用毛笔签字的方式没变。

第二，防假密码。山西票号创造了一套用汉字做符号的保密办法，用来作为汇票签发时间和银两数目的密押。每个票号的符号不同，而且又是不断变更的。如用“谨防假票冒取，勿忘细视书章”12 个字，作为 1 年 12 个月每个月的代号。“堪笑世情薄，天道最公平，昧心图自利，阴谋害他人，善恶终有报，到头必分明”30 个字，作为 1 个月 30 天的每天的代号。汇票上的银两数字和单位，用“生客多察看，斟酌而后行”或“赵氏连城璧，由来天下传”10 个字，代表“壹贰叁肆伍陆柒捌玖拾”10 个数字；用“国宝流通”4 个字，代表“万千百十”单位。外人看起来莫名其妙，不容易造假。

第三，汇票印制。汇票印制一般都是颇费苦心，每家汇票的票首印有图案，特别是折纸还有夹印的水印，藏在纸里，平视时看不见，竖起来一照就可发现。日升昌票号汇票纸里就印有“昌”字的水印，而且使用过的白麻纸内，也有水印“昌”字。另外，蔚盛长票号还刻有一种“防遗图”戳记，用文字来说

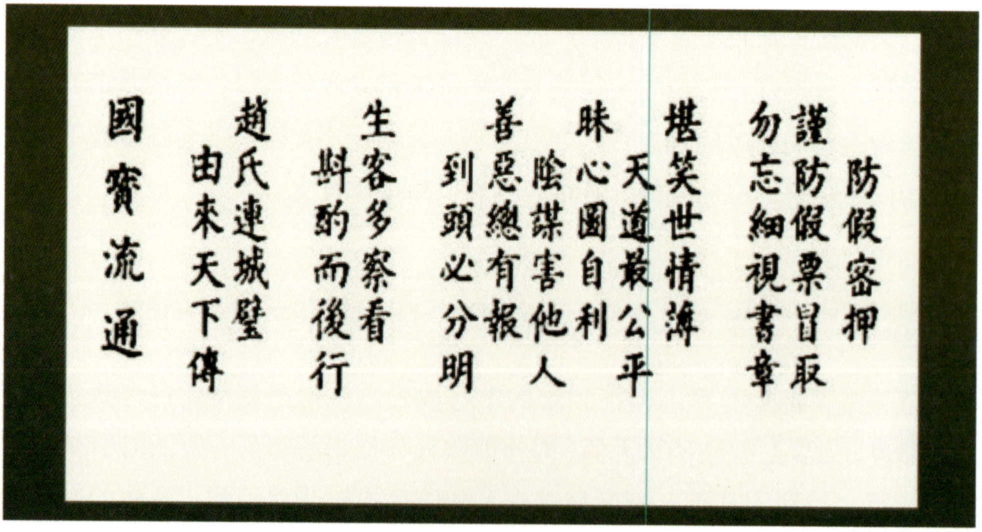

防假密押
謹防假票冒取
勿忘細視書章
堪笑世情薄
天道最公平
昧心圖自利
陰謀害他人
善惡總有報
到頭必分明
生客多察看
斟酌而後行
趙氏連城璧
由來天下傳
國寶流通

密押歌谣

明汇票专归本人收缴银两用的，别人拾得作为废纸。为避免顾客遗失被人冒领，汇票可以挂失。

在平遥“票号博物馆”的票号开票间展柜里，可以看到后人仿制的汇票，保证银两不被人冒领的秘密就全在这里了。生客来到日升昌一般用票汇，即在票号开出汇票，顾客持汇票可异地取款。汇票长一尺三寸，对折，在折缝处加骑缝章，然后一分为二，一半由顾客自带，另一半由票号寄往分号，顾客取钱时，两张纸拼上即可。熟客来则用信汇，即顾客执完整的汇票取钱。无论哪种形式都必须保证银两的安全。为此，票号采用了四重保险手法：第一重就是纸张本身，平铺着看不出什么，对着光一看就能发现有水印，日升昌的汇票就印着“昌”字（防伪）；第二重为笔迹，写汇票只能由号中一个伙计执笔；第三重是在汇票上写明取款人的外貌、声音、衣着等，如果来人与汇票上所写不符，票号将拒绝支付；第四重保护就是密押，为了防止汇票被人涂改，掌柜发明了一套密码，可以用于表示签发时间、数额等，每个票号只有两三人知道这套密押。日升昌 100 多年间共使用了 300 多套密押，平均一年换 3 次密押。为了避免密押被人破译，汇兑后，汇票被票号回收销毁，因此现在没有一张汇票能保留下来，后人也只识别出了一套密押。

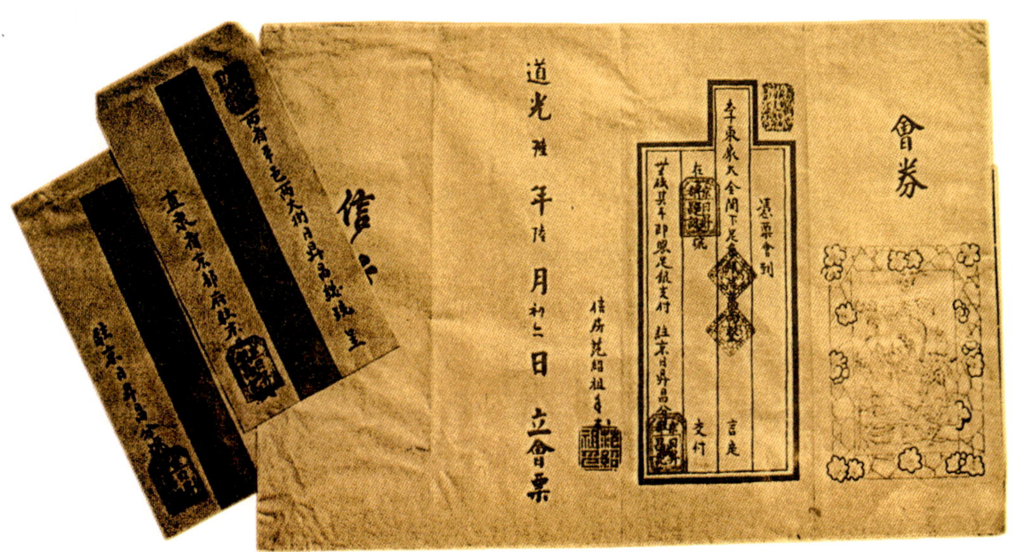

日升昌汇票

票号为维护主客方的经济利益，依客户的要求，代客户盘查兑取汇款人的身份，或者汇票上加盖“面生讨保”戳记。为防止假汇票，票号除指定专人书写汇票和规范汇票书封内容外，渐渐实行密押制度。密押开始只是在汇票某方扎个针眼，再后来普遍用汉字代表月、日、银两数作密押。票号除向客户签发汇票外，需用书信通知对方按票付款，无疑增加了书写信件的劳动和邮资。为节约劳动，票汇又采用了对条的形式，一半交客户赴异地取款，一半寄付款分号。所有票汇的“认利预兑”和“对条”在鸦片战争前已经推行开来，最晚见于1844年蔚泰厚苏州分号信稿的记载。票汇对客户来说，汇票要从甲地转送至乙地，如果中途汇票遗失，又增加挂失等麻烦。因此，那些多地设庄的大商业客户就要求改变票汇方式为信汇方式，从而在鸦片战争前票号开创了信汇业务，主客双方各凭各信完成汇划款项的手续。

19世纪80年代，随着中国电报事业的兴起，票号又创办了电报汇兑。电报要经电报局之手，为防造假，票号在电报码子基础上做些改动表示银两数，但同时也有个别票号害怕电报造假，遂开办电报汇兑后又要停办电汇。在日升昌票号的经营史上，还从未发生过款项被人冒领之事，这也充分体现了日升昌票号经营者的聪明才智。

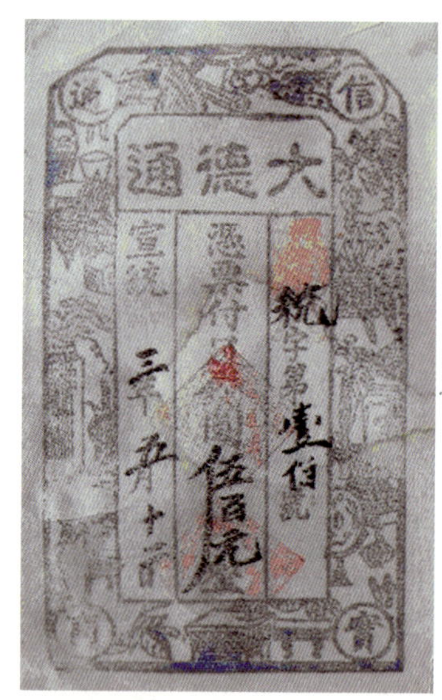

大德通票号汇票

清代，山西票号所操持的汇票业务已经相当完善：签字、水印防伪、挂失程序等。一张小小汇票凝聚了经营者卓越的商业智慧。

第四章

绝处逢生化危机 柳暗花明又一村

让国人震惊的太平天国运动和第二次鸦片战争，从咸丰三年（1853）至同治二年（1863），使中国社会处于动荡不安之中。农民反抗封建专制的战争和清王朝镇压农民运动的反革命战争，以及英法资本主义国家对中国的侵略战争，这些战争尽管有着正义与非正义战争的本质区别，但战争本身对中国社会经济的破坏和造成的社会不安定则如出一辙，具有同一性。在这样动乱的环境中，钱庄、票号等发展遭遇挫折是必然的。

票号业在受到战乱冲击的同时也获得了珍贵的发展机遇，19 世纪 60 年代以后，山西票号无论是在业务上还是地域上都有所扩展。对山西的票商而言，他们不仅要思考如何在动乱的年代里保住根本、谋求发展，还要面对以江浙商人为主体的南帮票号的竞争。

第一节　初遇危机　扭转乾坤

清末，太平天国起义等农民战争对山西票号影响很大。战乱造成交通阻断，工商凋敝，金融业自然也陷入全面的危机之中。危险与机遇总是相伴而来的，清政府迫于形势采取了京协饷解运制度，又使山西票号的业务有了极大的扩展。战争过后，山西票号进一步向各通商口岸和边远城镇扩张。

关键词：太平天国运动　票号撤庄　重振雄风

一、战火突起民不生　票号撤庄又裁员

太平军起义发生于道光三十年（1850）的广西金田，但其对全国的经济产生影响，则是从咸丰二年末到三年初（1852—1853）太平军占领湖北武昌府和汉阳府开始的。在汉口，太平军与清军展开激烈的战争，持续时间长达四年，直到咸丰六年（1856）年底，太平军退出武昌、汉口、黄州三府，汉口“民人商贾尚未复业”。太平军在汉口与清军的激战，从咸丰三年（1853）开始，沿长江下行，胜利进军，占领安徽、江苏等地的许多城市，并于三月在南京建都，一直坚守到同治元年（1862）。太平天国建都南京后，又派遣一支北伐部队，由安徽、河南、山西进军直隶，威逼京师和天津。在这期间，太平军与清军发生过激战的地方，城市经济均遭到不同程度的破坏。

汉口工商业凋敝，市面建筑被毁，著名的山西、陕西商人会馆成为一片废墟，汉口及全省当铺、钱庄等荡然无存。咸丰元年（1851）一月，日升昌总号接到成都分号来信，报告太平军骚乱。大掌柜立即命令成都分号归入重庆分号，暂作躲避。接着又命令广州分号随时观察局势的变化。太平军刚进入湖北，各票号就急忙命令汉口的分号做好撤庄准备。结果还没来得及布置妥当，太平军已占领汉口，各票号损失惨重。这时候，一贯善于处理各种危机的山西商人完全慌了。咸丰元年（1851）四月，日升昌大掌柜甚至命令雇员从战火并未波及的广州撤回。在撤庄信中，大掌柜写道：“务必速归，早回为是，万不可再为迟缓。早回一天，即算有功，至要至要。”

从1853年到1856年这一时期，汉口至南京段的长江流域，是太平军活动比较频繁的地区，因而汉口、屯溪、芜湖、扬州、清江浦、南京等地的票号都收撤了分号，同时苏州、京师、天津曾一度也受到影响。其中，苏州是当时国内四大区域性市场之一，“苏州阊门，五方货杂，百货云集，殷繁甲天下”。苏州之繁盛，“实则全赖外省富商大贾，挟资而来，经营贸易”。当太平军定都南京后，曾使苏州“商贾家挟资以归”，“江路不通”，“商贾流离”。因为太平军并未直取苏州，所以不久就恢复了正常，票号虽未撤庄，但与苏州通汇的城市大为减少。比如，日升昌苏州分号在1856年只能汇往平遥、京师、三原、沙市、重庆、成都6个城市，汇出银子共153 315两，其中京师、三原两地共计139 081两，占90.72%；汇入的城市只有平遥、京师、开封3个城市，汇入149 892两，其中平遥、京师两地占98.93%。京师和天津，因受太平军

三晋川账庄旧址

北伐部队的影响，票号、账局，或者收缩业务，或者暂时撤离，造成金融停滞，店铺歇业，铺伙和搬运工人失业。在撤庄和收缩业务的过程中，各票号普遍裁员，有的连分号经理都被裁减。

在突如其来的战乱面前，山西商人拥有的智慧、才干都显得无比脆弱，不堪一击。过去他们引以为荣的财富、声望，此时成为战火中最先被攻击和掠夺的对象。他们用整整一代人的心血建立起来的金融网络，几乎是在一夜之间就被交战双方的士兵撕扯得七零八落。战争对票号最致命的影响是商路、汇路的断绝。当时许多官员的奏折都谈到了这种情况：福建方面说，“南北商船，闻风裹足”；江西巡抚说，“闻风鹤之警，舟楫不通”；安徽巡抚李嘉端形容长江水道当时的情况用了这样的话，“下游销路未通，而上游之来源已竭”。中国最富庶的江浙地区，甚至因为“外地商贾皆携货以归”而变得“民穷财尽”。这种局面，使得各家票号处于无生意可做、有生意也不敢做的地步。

咸丰三年（1853），太平军的一支不足万人的部队逼近北京，如果单纯从军事角度来衡量，这种孤军深入是不会对北京造成任何威胁的。但太平军的这一举动却在京城老百姓心中造成了不小的恐慌，北京城内的山西商人纷纷

太平军战乱导致城市商业萧条

携资出京返回原籍。但山西商人没有想到的是，他们的这种举动在北京引起了一连串的反应。这年三月，繁华的北京城几乎是一夜之间陷入了萧条，一半以上的商铺歇业。这不仅打乱了北京城正常的生活秩序，而且使北京城一下子多出了几万名失去生计的百姓。

战争对经济的影响是不言而喻的。在交战区，商号被抢或货物滞销，都有可能导致他们关门歇业，为其提供金融服务的票号业也难免受到牵连。战火即将蔓延到的地区，民心躁动，商业疲惫，对汇兑业务的影响也是显而易见的。而山西票号总号多在平遥、祁县、太谷三地，受农民起义冲击，他们频频向各地分号发出撤庄指示，广州、汉口、成都等都是主要的撤庄码头。但总的来说，由于各总号审时度势，预作筹划，虽有少许损失，但不至于倒闭。唯有日新中票号因东家资本不足，在经济风波中，不得不于咸丰十一年（1861）停业关门。

二、重振雄风喜迎春 大江南北广设庄

相对于当时中国的其他企业而言，票号的运气还不算太坏。票号总部都地处山西，易守难攻，直到 1937 年之前，几乎没有遇到过战乱。太平天国运动，对于当时的中部经济中心汉口和东部的苏州、杭州的工商业，都造成了巨大的冲击；八国联军进军北京，对于北京的银号、当铺业，造成了毁灭性的打击，票号尽管也受波及，但根基未动。票号业商人当时自己也称，八国联军进京对

票商伙友拍摄的“同舟共济”照片

票号造成的损失不大，“庚子之乱，受伤者不过直鲁两省”，只是“肢体之伤”，而非“心腹之害”。

战乱对山西票号来说是柄双刃剑，在太平天国运动中遭受损失的同时，票号又受惠于清政府的京协饷解运制度。回顾票号的发展历史，可以说正是连绵不断的农民起义为山西票号开辟额外财源提供了机会。

第一家票号日升昌的出现，就和白莲教起义阻断运银道路有关。19 世纪 60 年代以前，票号的活动范围是在各重要商埠，业务重心在内地。19 世纪 60 年代以后，票号通汇地发展到全国边远地方，尤其是向对外通商口岸扩展。上海自 1843 年开埠后，至 19 世纪 50 年代，来上海的外国商人和洋行急剧增加。随着时间的推移，上海市场在国内国际贸易中的作用日益重要，票号在向上海聚集的同时，在杭州、福州、厦门、营口等沿海口岸也相继设立了机构。1867 年，杭州已有日升昌、元丰玖、胡通裕、谦吉升、蔚长厚、乾盛亨、协同庆 7 家票号；1869 年，福州有蔚长厚、新泰厚、阜康、蔚泰厚、协成乾 5 家；1888 年，厦门有协同庆、新泰厚、蔚长厚、元丰润、协和信 5 家，而元丰润票号，还设庄于香港，从事吸收存款，发放货物抵押放款，以及经营香港、广州和内地之间的汇兑业务。

通商口岸是国内国际贸易的重心，边远城镇也都是国内市场的一个组成部分，商品流通必然要渗透到各个角落。伴随着商品经济在边远城镇的流通，货币也就要在那里慢慢占领它的一席之地。正是顺应了社会经济发展的趋势和要求，19

延伸阅读

太平天国起义，使得南方各省向北京运银子的道路也断了，票号因此取得了汇兑官款的大生意，原来的现银装鞘（鞘是运银的容器），改成了票号汇兑。各地的汇费不同，每一百两银子，票号收取的手续费多则八九两，少则二三两，油水很大。尽管后来清政府曾经下旨禁止票号汇兑官款，然而，这道命令没有得到严格执行。

八国联军入侵之后，为了支付《辛丑条约》的赔款，清政府更是离不开票号汇兑。正是汇这些赔款，把票号的生意带上了巅峰。

世纪 50 年代末到 60 年代初，山西票号相继向云南、贵州、广西、甘肃、归绥和吉林等边远地区的城镇发展，为边远地区和内地的商品交换提供了更多的便利。因为这些边远城镇的经济发展水平相对内地来说比较低，而且生产和生活资料大多也是靠内地供应，军政经费也多依赖他省协拨，于是每地设立的票号数也大大少于内地和沿海繁华城镇。

云南地居横断山脉云岭之南，气候温和，生产的粮食可供本省之用，同时此地有丰富的矿产资源，尤其是铜、锡则更为丰富。云铜是清政府铸造货币的主要原料，云南每年向朝廷供应铜 50 万到 100 万公斤。为了采办铜斤，清政府每年都要向云南解拨许多银两。同时云南同四川、重庆等地的政府经济联系密切。所以 1862 年 2 月前，晋商就开始在云南昆明设庄，并承汇四川代山西“划拨滇省军饷”。经过 20 多年的发展，到 1885 年，在云南所设的票号已有百川通、协和信、天顺祥 3 家。

在 19 世纪 50 年代前，票号向西只到了西安和三原县。三原县是通往甘肃、宁夏府等地区的重要商路。票号在三原设庄与江西河口镇通汇，把福建茶贩至三原而销往甘肃东部地区。19 世纪 60 年代，票号西行到甘肃兰州，因有 1865

船帮采铜图

平遥百川通票号

年山西河东应解甘肃饷银于兰州的事，接着沿长城西行，到琼州、肃州设立了分号。1881 年，兰州、肃州、凉州各有天成亨、协同庆两家票号。这样，兰州、琼州、肃州三地都有了票号，随后蔚丰厚票号也在兰州设庄。至 1890 年，仅有蔚丰厚一家票号在新疆迪化城设庄。此时票号才把新疆与内地的汇兑打通，其艰难之旅可想而知。

19 世纪后半期，在国内外贸易的推动下，票号在沿海口岸和西南、西北地区建立了业务据点，上海、福州、汉口、厦门、南昌、桂林、昆明、兰州等地成了票号营业发达地区。进入 20 世纪以后，除了经济发达地区在原有的基础上有所扩充之外，票号机构又进一步发展到西北边境以及东北一带，如在西藏、宁夏、热河、黑龙江、吉林、锦州各地设立了经营地点，业务方面也获得了更大的发展。

第二节 南北称雄 大展身手

大凡一种事业，如果为社会发展需要，又能带来资本的增值，必然被其他资本所效仿，从而打破独占或垄断的局面，推动事物更快地发展。19 世纪 60 年代开始，江浙商人进军票号业，形成南方票帮，打破了山西票商一枝独秀的局面。

关键词：南帮票号 南北竞争

一、南丐北帝齐扬名 票号威名四海闻

票号在最初发展的 40 余年间，全由山西商人投资和经营。由于山西票号受中国旧式商业注重地缘思想的影响，商号对员工的录用是非常谨慎的，通常是经中间人担保，再予以全面考评，最终决定其归属。他们对员工严格的选拔程序，非本籍子弟是很难获得入围机会的。山西票商是晋商的余绪，承载着历

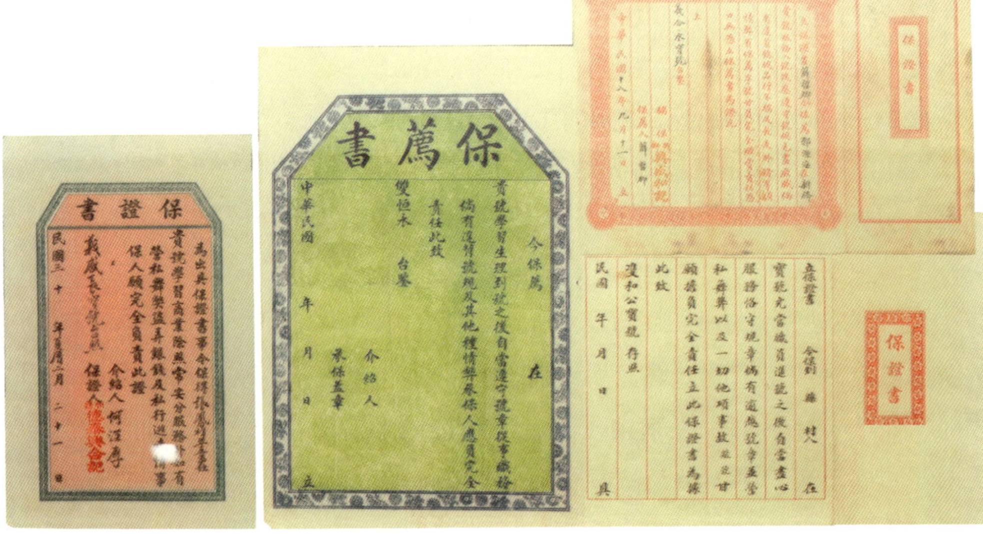

学徒保证书

“学徒保证书”是学徒入号时必须填写的一份文件，还需经中间人担保，再经全面考评后方能入围。

史的惯性，他们的员工也多为山西人，并且都以平遥、祁县、太谷三县的子弟为主。偶尔的别县员工，也多是靠父辈的关系，其父辈或在此三地经商，或在以上三地担任地方官职。故当时的票号就为山西票号。

在山西票号的影响下，从同治年起，江浙人也开始建立票号，如人称“红顶商人”的胡光墉在同治二年（1863）建立了阜康票号。云南人王氏在光绪初建立了天顺祥票号。江苏洞庭商人严信厚在光绪九年（1883）建立了源丰润票号，时人把江南人开办的票号称为“南帮票号”。

开设阜康票号的东家胡光墉由商积富，并为左宗棠与外商洽购军火和借款，又称为买办和道员。胡光墉最初在杭州开设银号，经营官府赋税银两收付和铸造元宝业务，故有“藩库欠光墉资二十万”的传言。1860 年 4 月，王有龄由江苏布政使署理浙江巡抚。5 月，太平军一举攻破清江南大营，分兵苏州和杭州。1861 年胡光墉从上海运军火粮米接济王有龄的军队攻打太平军。1862 年 1 月 24 日，王有龄败死，左宗棠抚浙。左宗棠刚到浙江不久，“闻谤言欲对光墉加以罪”，但一见面大加赏识，“军需之事，一以任之”，胡光墉又投靠左宗棠，并为其勾结法国侵略者组织“常捷军”，从宁波进攻太平军。1863 年左宗棠升任闽浙总督，1866 年，胡光墉又协助他创办福建船政局。同年 9 月 24 日，左宗棠改任陕西总督去镇压西北回族起义，胡光墉又被左宗棠委办上海转运局，负责供应军饷和订购军火，代借外债 1 200 万两，成为左宗棠的左右手。胡光墉 1863 年到

胡光墉

胡光墉（1823—1885），清徽州绩溪（今安徽省绩溪县）人，幼名顺官，字雪岩。著名徽商，是清末南帮票号的代表人物。

延伸阅读

“清史而立货殖传，则莫胡光墉。胡光墉，字雪岩，杭之仁和人。江南大营围寇于金陵，江浙遍处不安，道路阻滞。光墉于其间操奇赢，使银价旦夕轻重，遂以致富。王壮愍自苏藩至浙抚，皆倚之办饷，接济大营毋匮。左文襄至浙初，闻谤言，欲加以罪。一见大加赏识，军需之事，一以任之。西征之役隅乏，则借外债，尤非光墉弗克举。迭经保案，赏头品衔翎，三代封典，俨然显宦，特旨赏布政司衔，赏黄马褂，尤为异数矣。”

——刘体仁对阜康票号东家胡光墉的描述

1865年在与浙江巡抚结交期间，开设阜康票号，原名“胡通裕”，总号设在杭州，后来总号改设上海，设分号于杭州、宁波、福州、镇江、汉口、长沙、京师等地，承做官商汇兑和存放款业务，一时间颇为得势。胡光墉在经营票号的同时，在江浙开设典当29座，杭州有胡庆余堂国药店，有田万亩，后期经营出口丝业，积资达一两千万元。

天顺祥票号在昆明叫“同庆丰”，在1872年到1873年期间，王氏亲赴重庆向山西票号学习规章，将同庆丰改组为票号，经营汇兑和存放款业务，设分号于重庆、成都、贵阳、汉口、常德、南昌、广州、上海和京师。天顺祥票号势力颇大，它不仅包揽各省协拨云南款项的代收和汇兑，而且在四川包销盐岸，独揽土税（鸦片税）收存，以及四川、上海的京饷和债赔款，在十多家票号中它一家要承汇款项的3/10。

源丰润票号的开办者严信厚是浙江慈溪人，童年时在宁波恒兴钱庄学习，后进上海小东门宝成银楼，擅于书画。1866年到1868年期间，胡光墉在上海为左宗棠办粮台事，与严信厚相见，对其颇为器重，于是推荐于直隶总督李鸿章为幕僚，任督销长芦盐务河南官运事。十余年间严信厚积资巨万，故于1883年在天津盘接杨源丰票号，改为源丰润，设总号于上海，在京师、天津、

不尚浮华的山西商人

汉口、福州、厦门、杭州、广州、汕头、香港等地设分号。与此同时，严信厚先后承办宁波关源丰官银号、江海关源通官银号、江汉关协成官银号，经理海关税收银两；此后，又在宁波陆续开设机器、纺织、面粉、榨油等工业，协同盛宣怀创办中国通商银行，创建上海商务总会，成为有名的职业金融资本家。

南帮票号的兴起，为票号构成注入新的成分。而在南帮票号兴起的同时，山西票号在家数上也有增加。山西、南帮两派竞相发展，使票号在家数上比前期增加，呈现出一种宏大局面，显示出大发展的势头。但同时也可以看出，南帮票号对官款的依赖太重，这对它的发展是极其不利的。

二、貌合神离命不同　各有法宝显神通

南帮票号晚于山西票号，且投资主体呈多元化趋向，在总号设置及员工聘用上，与山西票号略有不同；两帮票号在经营上也有很大的区别。慎重经营与热衷于投机生意是两帮票号经营策略区别的标志。山西票号自创办以来，兢兢业业，慎重经营，并没有太大的起伏与波折。中前期倒闭的几家票号，或因资本不足，或受制于商号倒闭的牵累，很少进行投机生意。

南帮票号则不同，先是阜康票号倾其所有投资于茧丝生意，续其后的源丰润票号又卷入了“橡胶股”风潮。他们不考虑自身实力，冒险一搏的做法，使潜伏的危险无处不在。投资产业或做股票生意，应该是企业家或投机商人的事，两家票号主要经营的是金融业，其收益应该主要来自存放汇业务，而他们先后介入前两行业，显然是越界而为之。加之南帮票号的存款多来自暂时闲置的官款，一旦有风吹草动，各地方官吏为了规避清廷惩罚，对官款的催交是迫不

◇ 钱罐

及待的，根本容不得票号有反应的余地。

在与西方人打交道过程中，相对别派商帮来说，胡氏眼界要开阔得多，这些有利条件成为胡光墉手中的主要“杀手锏”。胡光墉开始经营的是丝蚕交易，因有感于外商挑剔抑价等种种盘剥，愤然起之，以民间商人身份，举江浙二省之育蚕村镇而一律给予定银，令勿售外人，完全售予胡氏。一面在伦敦组织机关，欲打破此一种过渡银行之朘削。

但是在当年，日本与意大利的茧丝获得大丰收，并且在质量上超过中国产品；西方各国与上海建立了直接或间接的电讯联系，伦敦市场的行情瞬间可得，而胡光墉却很难获得这种便利，所以在商情的把握上难免滞后；外国轮船公司几乎主宰了中国对外贸易的运输权，中国商人基本丧失了主动出击权。在这三方面的联合夹击下，茧价大跌，胡氏不得已折本售出其所收之茧，然已亏耗至 1 000 万以上，全号因而倒闭，胡氏亦郁郁不得志而殁。

从表面上看，胡光墉囤积茧丝行为属于典型的投机生意，而实际上，他也在为中国争取利权进行着某种尝试。但因胡光墉的政治靠山为左宗棠，难免引起别派政治势力的纷争，权力斗争夹杂于经济行为中，胡氏便成了众矢之的。诚如《异辞录》的陈述：“上海道邵小村观察本应有应缴西饷，勒之不予；光墉破不可耐，风声四播，存取款者云集潮涌，支持不经日而肆闭。”山西商人的行为则耐人寻味，就当时的情况而言，晋商不失为中国第一大票商，聚集于上海的山西票号就有 20 多家。如果他们能够联合起来，给胡光墉以有力的实际支持，在中西之间的茧丝贸易战中，我方则会占有更多的主动权。毕竟中国的茧丝在世界贸易中有着很重要的市场，西方商人能拖得起一年半载，但长期耗下去，他们之间暂时的同盟必然会发生动摇，以至破裂，茧丝价格的主动权随之就会转移到中国人手中。只可惜，我们未看到中国商人间的联手。依靠某一官僚为保护伞是旧式商人保护自己的最有力武器，而各

三晋源票号天津分号伙友合影

派官僚间的矛盾，难免引起商人间的钩心斗角，同时往往成为别派政治势力攻讦的目标。曾、左两人虽同为湘系首领，但他们后期的不愉快也是不争的事实。基于这一点，后期三晋源票号与阜康票号的矛盾斗争也就不言自明了。

从胡光墉的发家史可以看出，由商致富是其跻身政界的资本，但过分依赖官府，尤其与左宗棠倍加密切的关系，虽然在一定时期内加速了其资本的积累，却也为未来自身的发展埋下了隐患。众所周知，金融机构的真正职责为存放汇业务，并不是直接投资某项产业，更何况阜康票号的存款大多来自官款和民间闲资，一旦有所闪失，就是有再大的政治靠山也无济于事。

“阜康倒了，胡雪岩完蛋了”的消息传到晋中，山西票商大多额手称庆，欣喜异常。他们庆幸压在自己身上的大山被推倒了，山西票号今后可以独占全国了。他们仿佛看到了灿烂的辉煌前景，胜利正在向他们招手。但他们没料到，阜康票号的倒台，也加速了山西票号垮台的进程。阜康的巨额亏损，立即在京城掀起了一股抢兑现银的风潮，山西票号也在这股强大的风潮之中飘摇不定。

就票号业务而言，胡光墉开办的阜康钱庄凭借胡光墉的官员背景，正做着汇兑官银的生意。它倒闭之后，亏空了朝廷上千万两的白银。由于发生了这件事情，朝廷再一次下令禁止票号汇兑官方银两，并且在禁止汇兑的圣旨中宣布，官员一旦违禁，严惩不贷，强调各省督府要“知所敬惧”。一些地方官员仍向朝廷上书，为山西票号说情。四川总督丁宝桢给皇帝的奏折中写道，“川省银号向无南商，只有西商，公私款项从无亏短，与南省阜康有别”，以山西票号信誉卓著为理由，坚持由山西票号汇兑政府银两。朝廷的这种摇摆不定的政策，给票号的发展造成了许多不利影响。为了争取朝廷认同汇兑，山西商人付出了很大的代价，他们不得不把大量的精力、金钱，最终甚至是把整个票号的命运押到了一个毫无希望的政府身上。

延伸阅读

挤兑：在信用危机的影响下，存款人和银行券持有人争相向银行和银行券发行银行提取现金和兑换现金的一种经济现象。这种现象是金属货币流通条件下货币信用危机的一种表现形式。引起挤兑的原因有两个：一是由于银行券持有人或存款人对发行银行的信用产生动摇，纷纷撤回存款；二是由于银行券贬值，银行券持有人不得不赶快把银行券抛出，以防经济上蒙受重大损失。

挤兑往往是伴随着普遍提取存款的现象发生的，并进一步形成金融风潮。在出现挤兑时，市场银根异常紧缩，借贷资本短缺，利息率不断上涨，迫使一些银行和金融机构倒闭或停业，从而更进一步加剧了货币信用危机，引起金融界的混乱。

◎ 曹家代兑凭帖

清光绪年间，晋商乔、渠两家票号发行纸币“凭帖”过量，挤兑之风顿起，情况危急。乔、渠两家万般无奈求助曹家。曹家深明大义慨然应允，遂宣布：凡乔、渠两家发行的“凭帖”，都能在曹家所属票号兑换现银。一场挤兑风潮被平息下去，解除了两家商号的燃眉之急。

三、内承商款各口岸　与商方便通汇兑

鸦片战争以来，世界资本主义各国通过一系列不平等条约，在我国取得通商等种种特权，整个中国成为世界资本主义倾销工业品和掠夺原料的市场，使中国经济逐步沦为半殖民地半封建的经济。在当时的37个通商口岸中，有的在通商前票号就已经在那里设庄，有的在通商后票号才去设庄，有的口岸票号就根本没有触及。票号设庄的口岸有：上海、广州、福州、厦门、肃州、汕头、营口、天津、库伦、九江、汉口、芜湖、重庆、杭州、沙市、苏州、迪化17个城镇，而且这些通商口岸的进出口货值在全国进出口业务中占着极其重要的地位。

随着世界资本主义侵略和通商口岸的增加，中国进出口贸易的发展非常迅速。据统计，1843年到1861年间，中国年均进出口货值为7 610万海关两，年均入超399.9万海关两。从1862年到1893年的32年间，年进出口货值15 470万海关两，比前期增长103.28%，年均入超985.7万海关两，比前期增长146.48%。如此庞大的进出口贸易，是要经过各口岸的吞吐才能实现的。而每一个口岸，不论是外货的进口，还是国货的出口，也不管是华商还是外商把货物由口岸销往内地，或由内地收购土特产品贩运至口岸，必然在口岸与内地的城镇引起大量的货币流通。这些货币的流入或流出，又主要是通过汇兑方式实现的。而要汇兑，在没有外国银行的许多城镇，可以说完全是由票号承担的。比如，开封的华商，当其得知在上海所购洋货须在某日付款时，就马上向往来的钱庄或票号提取存款或者借款，然后交给票号开封分号开一张汇往上海的汇票，寄给他在上海的代理人，代理人持票向票号上海分号取款或换成当地流通的期票，交给掮客便可提货返汴，反之亦然。所以，外国商人说："与内地各省的汇兑业务以及中国人对通商口岸的交易所签发的票据，全部都经过山西票号。"上海如此，其他通商口岸的状况也基本类似。

以汉口为例。汉口地处九省通衢，是清末全国四个最大的市场之一。太平天国起义以前，汉口是一个以完整而富裕的银钱业体系而自豪的商埠，在这一银钱业体系中，山西票号的财富更是数以几十万两计算的。票号资本雄厚，就可以在市场上居于主导地位。英国人说："至于（汉口）商人与外埠的业务

往来，多由富裕的山西票号占先，汉口票号的作用几乎与英国的银行同样重要。”英国人还说，这一时期山西人差不多垄断了汉口所有的汇兑业务，由于山西票号所带来的种种便利以及对四川出售货物的长期信用，使竞争者难以介入。上海通商后，虽然川、滇等省的许多货物转自上海购买，但汉口仍不失我国中部商业重镇的地位。第二次鸦片战争后，汉口又被辟为对外开放的商埠，外商和外轮相继来到汉口，商业较之前更加繁荣，金融业的发展也非常迅速。正是由于特殊的经济地位和票号在当时的重要性，汉口在 1881 年已有票号 33 家，而上海在 1882 年才有 25 家，可见汉口的繁华。

鸦片战争以前，我国对外贸易只限定于广州一埠。进口的货物必须先运到广州，然后向内地转运，而出口的货物，也必须先集中在广州。因此，“山西或湖北的华商，欲买洋货，须携带现银到广州，以换取货物，极为不便。洋商欲购茶丝，必须运现到其出产地，也是十分困难。所以对外贸易，利用山西票庄，经营汇兑，是必然的趋势”。山西票号通过在广州设立分支机构直接为进出口商提供金融汇兑服务。

进入 19 世纪 60 年代后，上海越来越成为进出口贸易的主要港口，外商、华商云集，上海经济地位的加强，客观上要求与内地通汇。太平天国运动后，东南安定，票号由苏州大量移往上海，1876 年为 22 家，1882 年又增加到 25 家。从而沟通了上海与内地的汇兑，也促进了国内外贸易的发展。 外商企业、银行和海外华侨集

延伸阅读

海关两，即关平两，又称“关平银”“关银”，是清朝中后期海关所使用的一种记账货币单位，属于虚银两。

清朝时期，中国海关征收进出口税时，原无全国统一的标准，各地实际流通的金属银成色、重量、名称互不一致，折算困难，中外商人均感不便。为了统一标准，遂以对外贸易习惯使用的“司马平”(“平”即砝码)，又称“广平”，取其一两作为关平银的标准单位。一关平银的虚设重量为 37.750 克（后演变为 37.913 克）的足色纹银（含 93.5374% 纯银）。

清代汉口街市

聚通商口岸，使一些通商口岸相继出现了三种金融力量，即当地的钱庄、外商银行和票号。上海是外商银行最多的城市，三种金融力量也就最明显。

四、外争上海占地盘 三家争利尔我他

上海未开埠前，货币金融机构只有钱庄和典当行。上海的钱庄比北方钱铺的产生要晚一两百年，在清乾隆年间开始由煤炭业、沙船业或豆米业转化而来。据载，1776—1781 年上海有钱庄 18 家，1786—1796 年有 64 家，并建立了钱业公所，可见钱庄已经有了相当大的发展。但是，尽管家数不少，其基本业务仍是货币汇兑，而不经营存放款业务。伴随着货币的兑换、保管等传统业务，还签发银票，作为“生意或买卖豆、麦、花、布，皆凭银票往来，或到期转换，或收划银钱”而流通于市面，有利于商品交换。上海开埠后，随着进出口贸易的发展，商贾荟萃，交易繁盛，庄票用途扩大，钱庄日益发展。1858 年，上海城区和租界共有钱庄 120 家，其中 50 家规模较小，每家只有 500—1 000 两纹银的资本；70 家左右为大中钱庄。又过了将近 20 年，1876 年，南北市大钱庄多达 106 家。这些大钱庄签发的庄票一部分为外商所信任和利用。再者，在国内贸易扩大、华商经营资本不足的情况下，钱庄开始经营存放款业务，资本的性质开始由货币经营资本向借贷资本转化，货币汇兑业变为了银行业。上海钱庄自从经营业务和资本性质变化以后，渐渐成为上海金融市场上专做华商存放款和清算货款的一支重要力量。

上海开埠后，一时缺少专营诸如汇兑、保险等为外贸服务的金融业专门机构。于是大多数洋行都自身附带开展储蓄、贷款、汇兑与保险等金融业务。但是，后来这类金融业务就逐渐集中到少数实力雄厚、信用良好的大洋行。当时上海的大洋行有英国的怡和洋行、宝顺洋行，美国的旗昌洋行等。后来为李鸿章的招商局出力的商界名人唐廷枢和徐润，早年分别是怡和与宝顺的大买办。

在上海，外商银行则早于票号而捷足先登，当时在远东的英国商人，经常把本国的纺织品输入印度销售，从印度再运大量鸦片到中国倾销，然后从中国

上海怡和洋行大楼

怡和洋行是英国人开设的。清朝末年其先在广州从事中国、印度、英国之间的货物和鸦片贸易，是地地道道的“鸦片贩子”。

上海汇丰银行大楼

上海汇丰银行大楼始建于1921年，位于上海外滩12号，又名市府大楼，是当时世界上第二大银行建筑，仅次于英国的苏格兰银行大楼。此楼至今依然被公认为外滩建筑群中最漂亮的建筑。

掠取丝、茶等运回本国，这种三角贸易使英国商人获得了高额的利润。为更保险、更好地进行这种贸易，他们经常需要大宗汇划，因而丽如、有利、麦加利等英商银行先后在香港、上海设行。19世纪50年代末，英商在上海的银行已增至6家，他们营业颇盛，获利丰厚。

中国尤其是上海贸易地位的重要，使得外资进一步将银行的总部直接设立在中国。第一家将总行设立在中国的外资银行是英商汇丰银行。1865年，汇丰银行出资250万英镑（额定资本500万英镑），在香港建立总行，并在上海等地设立分行。第一家将总行设立在上海的外资银行是1890年建立的德商德华银行，额定资本100万英镑，成立时已付25万英镑。

德华银行

1912年7月1日在上海的外资银行组建了“汇兑银行公会”，1916年7月4日更名为“上海国外汇兑银行公会”。这是在中国土地上由外资银行的银行家组建的第一个银行同业组织。

上海开埠初期，由于进出口贸易中心仍在广州，又受太平军活动的影响，19 世纪 50 年代末票号还没有在上海设庄，上海与内地曾一度不能通汇，国内国际贸易遇到一定困难。待战事缓和之后，票号蜂拥而至，承担起上海各口岸和内地城镇间的汇兑，以及对上海的贷款业务后，票号便跻身成为上海金融市场的第三股力量。

钱庄、外商银行、票号这三种力量，在初期，互分畛域，专司其事，各得其所，三足鼎立。但从 19 世纪 70 年代开始，由于钱庄资本越来越显得薄弱，不能适应华商对借贷的要求，在钱庄商人充当外商银行买办的条件下，钱庄从外商银行和票号两方面取得贷款融通，而外商银行渐渐也不再是“仅通洋商”了，而是渗透到华商之中。19 世纪 90 年代以后，随着钱庄力量的壮大和外商银行向其他口岸的延伸，票号独占国内埠际间汇兑的局面也就被打破了。上海金融市场上这三种力量的消长，有作用有矛盾，而票号业始终没有依附于外国资本主义，凭借自己强大的力量成为当时中国真正的民族银行业。

丽如银行

延伸阅读

中国最早出现的银行是一家外资银行——英国丽如银行。该行总行原设在印度孟买，原名西印度银行，后与锡兰的锡兰银行合并，改称丽如银行，并于 1845 年将总行移至英国伦敦。同年英国丽如银行在香港设立分行，在广州设立分理处。1847 年在上海设立分理处。英国政府对丽如银行给予保护和支持，颁给皇家特许状，使其成为特许银行。丽如银行通过经营国际汇兑、发行钞票、吸收低利存款等手段从中国攫取巨额暴利。1884 年，丽如银行因在锡兰的投资失败而撤出了中国，其在中国的地位也由后来的汇丰银行所取代。1892 年 6 月，丽如银行因总行的营业亏损而在伦敦寿终正寝。

第三节 攀登高峰 自上枷锁

明清晋商同官府建立了紧密的联系，特别是在票号诞生后，这种官商结合关系达到空前的程度。甲午战争后，票号对清政府的财政需求，更是竭力支持。不仅为一些省份提供借款，承汇商款，而且为清廷承办四国借款还本付息，认购推销昭信股票。票号俨然成了清政府的财政支柱和财政机构。从此，票号与清政府的关系得以建立并日益密切，进入了发展的“黄金时期”。

关键词：汇兑官款 代理国库 官商结合

一、攀龙附凤汇官款 代理国库我辈行

山西票号创办之后，在四十多年的时间里，虽然已经替普通百姓方便快捷地汇兑了上亿两的白银，在百姓之中享有很高的声誉，但是朝廷一再坚持“祖宗家法”不可轻易改变的态度，禁止山西票号汇兑官府银两。

从 1850 年开始，清政府的各行省长官都以“道路不宁、装鞘运现风险太大”为由要求朝廷准许以汇兑代替运现。对于官府的这种要求，山西商人一面答应，一面又表示因为各地分号库存现银有限，希望地方官员可以先接受一张汇票，然后直接到北京提取现银。山西商人就是通过这样的方法，变相地促使地方官员向朝廷施加压力，同意票号汇兑官府银两的。太平军起义后期，又是捻军的起义。因为当时清政府的财政来源主要是靠江苏、广州这些地方，那么捻军一起义，就把由南到北这条官道给切断了，再继续运现银，就不能走了。在这样的条件下，广东政府开了汇兑官银这一先河，福建、浙江、四川、湖南、湖北、江西这些省就争相开始汇兑了。

清同治二年（1863），祁县、太谷、平遥几个县里，春节过得格外红火。这一年朝廷终于取消了山西商人不准汇兑官银的禁令。农历正月十三，各买卖铺户结束了春节假期，重新开张营业。各家门前不仅张灯结彩，而且在开门做生意前，还特意举行了祭财神的仪式，他们都希望能借助汇兑官银的良机而

财源广进。汇兑京饷可以说是山西票号获得的一次难得的发展良机。尤其是在经过战乱之后，民间商业非常萧条，在商业银两往来日益减少的情况下，这种生意对票号的生存，可以说是至关重要的。但是票号汇兑官银也不是一帆风顺的。当时清朝一批官员都坚持认为这种做法会造成金融混乱，当时的湖广总督官文就曾经上奏朝廷说："'库多收一批汇兑，即京城少进一批实银'，则可能造成'银贵钱贱'这样一种状况，所以力请禁止汇兑。"此后关于究竟是汇兑还是运现，在官员内部先后发生过四次较大的争论。

如果说19世纪后期，票号借农民起义之机得以结交官府，获得发展机会，那么20世纪初年的庚子事变，又使票号得以与清朝最高权力集团攀附关系，并深得皇太后慈禧的信任。庚子事变，慈禧仓皇出逃，途经山西，经济困难，山西大德通票号慷慨救助了慌乱中出逃的慈禧太后和光绪帝，给落难的帝、后留下了十分深刻的印象，从此深得慈禧信任。各省解缴中央的款项全部由山西票号经营，庚子赔款连本带利10亿两白银也交由山西票号汇兑。《辛丑条约》逼迫清政府交付各国战争赔款四亿五千万两，也主要由票号汇解。这一切给票号带来了业务的畸形繁荣，票号发展进入了鼎盛时期。

有人称山西票号是中国第一个"国家银行"，并不是说票号是国营的，而是指票号在当时几乎就要代理国库了。可以想见，山西票号与清政府之间密切的利益关系，不但代汇公币，而且代存公款，代收捐税。然而政府对票号却没有严格的管理，除了新开办时领取补贴外，一切都是很自由的，不加干涉。因此，晚清的山西票号发挥了清朝政府中央银行的作用。

第一，票号是清政府捐纳的办事机构，山西票号出现以后，捐生委托票号代其汇兑，省却许多烦累环节，票号也能从中得到实惠。

第二，汇兑京饷，为户部解缴税收。太平天国战争时期，南方各省为战事拖累，一些省份白银运现道路被阻，户部令各省督抚觅殷实票号，汇兑应解京饷。在这之后，一些省份的地丁、盐课、土药税、关税等款项也交票号汇兑，同治初年由山西和广东两省票号所解京饷占到半数之额。

第三，票号还是一个为各省关借垫支京、协各饷的机构，为清朝中央和地方财政解决困难。这样，上自官款如税款、军饷及边远各省公费，下至私款储蓄，大多需要经过票庄之手。山西商人在这种近乎勒索性质的捐输中并非完全一无所得。

票号已然成了官员的“瑞士银行”，地方政府的“对公账户”。1869 年 4 月，朝廷让两广总督缴纳税款约 90 万两，可才征到 60 万两的税。没办法，他给朝廷打了个报告，然后以政府信用担保，让票号垫汇了 30 万两。垫汇也称作逆汇，广东还没有打钱进去，北京已经取款了。这种状况从特例到惯例，直到 15 年后，胡光墉开办的南帮阜康票号倒闭，亏空了朝廷千万两白银，这事才被清政府予以禁止。

下面是从同治元年（1862）到光绪十九年（1893）山西票号汇兑京饷银两的数量及变化趋势：

1862——1893 晋商票号汇兑京饷数量表

年 代	金 额	年 代	金 额
同治元年（1862）	10 万两	同治二年（1863）	139 万两
同治三年（1864）	56 万两	同治四年（1865）	128 万两
同治五年（1866）	235 万两	同治六年（1867）	413 万两
同治八年（1869）	277 万两	同治九年（1870）	37 万两
同治十年（1871）	15 万两	同治十一年（1872）	283 万两
同治十二年（1873）	155 万两	同治十三年（1874）	10 万两
光绪元年（1875）	453 万两	光绪二年（1876）	384 万两
光绪三年（1877）	233 万两	光绪四年（1878）	2 万两
光绪五年（1879）	179 万两	光绪六年（1880）	296 万两
光绪七年（1881）	240 万两	光绪八年（1882）	143 万两
光绪九年（1883）	221 万两	光绪十年（1884）	24 万两
光绪十一年（1885）	283 万两	光绪十二年（1886）	280 万两
光绪十三年（1887）	10 万两	光绪十四年（1888）	1 万两
光绪十五年（1889）	152 万两	光绪十六年（1890）	329 万两
光绪十七年（1891）	290 万两	光绪十八年（1892）	313 万两
光绪十九年（1893）	266 万两		

以上 31 年中，票号汇兑京饷 5857 万两，平均每年达到约 189 万两。

山西票号汇兑京饷银两统计图

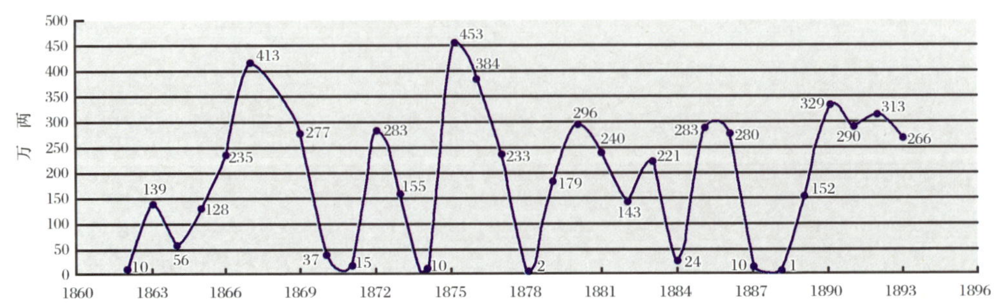

从图中可以看出，山西票号汇兑京饷银两的数额起起伏伏，之所以出现这种现象是有一定原因的。由于清政府的干预，使票号汇兑财政官款发展极不稳定，时多时少，而且出现了几次低潮。票号是商人开设的，其目的无非是为了盈利。清政府命令广东与商号进行汇兑，是财政拮据迫不得已而为之，一旦条件变化，它就禁止各地政府与票号汇兑。尽管这样，在后来，票号在汇兑京饷方面还是发挥了很大的作用。

二、无形枷锁重如山　东方不亮西方亮

早在嘉庆、道光、咸丰年间，晋商已呈衰败之相，造成晋商衰败的主要原因是封建王朝的剥削和帝国主义的侵略。

乾隆年间，晋商兴盛达到了顶点，晋省也就成了清王朝裁派劝捐助饷最重的行省之一。乾隆时大、小金川起义，因财政拮据，大肆向两淮、浙江、长芦、河东各盐商劝捐助饷，山西河东盐商捐银“一百一十万两”。嘉庆年间，白莲教起义，清政府又一次向晋省富商勒派，先派定 218 万两，皇帝“因捐数过多，抵偿收银一百五十万两，其余仍着伯麟（山西巡抚）按数发还”。实际上，发还之银被府县官员贪为己有。清朝廷将晋商视为政府财源，凡有财政不足的时候，皆是首先想到晋商，尤其是徽商财力下降之时更是如此。第一次鸦片战争因赔款所需，道光二十三年（1843），清政府向山西绅商派捐“二百余万两”。清王朝在镇压太平天国期间，推行捐借政策，咸丰三年（1853）正月底，全国绅商捐银 424 万两，山西捐银 159.93 万两，居各行省之首，占 37.72%。

这次捐输延续到咸丰五年（1855）十一月，山西绅商共捐银 303 万两，实际交银约 287 万两。下欠 16 万余两，实在无力再交。当时有人说："晋省前后捐输，已至五六次捐数逾千万。"经过多次捐输，有些富户家道中落，甚至"赤贫如洗"，再已榨不出钱来了。咸丰年捐输未交的 16 万余两银子，再过 11 年，至同治五年（1866）正月，除又收银 4.39 万余两外，剩下的 12 万余两，"数年来，无论如何追比（逼），讫无分厘提到"。追逼的官府大员，满以为这种追讨未交够的捐输款，可以轻松办成。殊不料，数年竟追不回 12 万余两银。一些山西绅商之穷，竟到了如此地步。

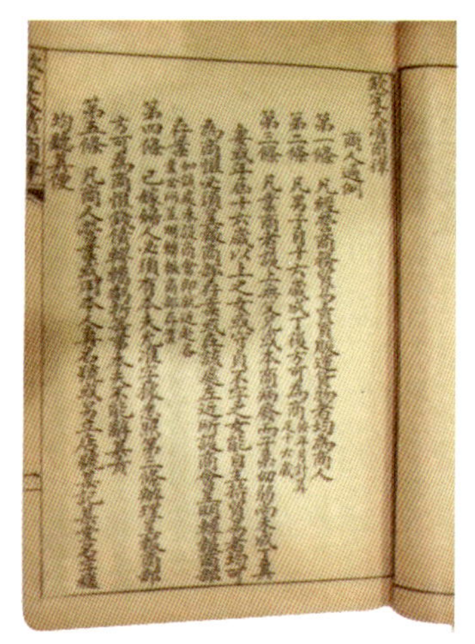

钦定大清商律

介休北辛武村冀氏十七世冀国定，生四子，起名以公、以和、以中、以正，此时正是家族全盛的时期，在山西、北京、直隶、湖北等地开设各种店铺 70 多处，财富达白银 300 多万两。道光年间，冀国定去世，由其四子分主家事。第一次鸦片战争的"海疆捐输"，兄弟四人捐款 1.6 万两，居介休之首。太平天国时期，他们在湖北的店铺商号遭兵燹者十余家，资本已去大半。第二次鸦片战争期间，英法联军侵占北京，海淀字号有四家被抢。加上清王朝的多次勒捐，至咸丰年末，冀氏家族"较之以前，家资不及十分之二"。

传统中国社会中，历来没有一部商法，也就是说在清朝末年以前，中国自始至终没有商法，商人始终由于传统社会中的重农抑商政策没有取得法人地位。在这种没有法人地位的情况下，商人在政治上也是弱势群体。正是基于

延伸阅读

钦定大清商律：钦定大清商律是清末仿照西法制定的第一部新法。1903 年，清政府命载振、伍廷芳起草商律。是年 12 月，起草完毕上奏后定名为《钦定大清商律》。它由"商人通例"（9 条）和"公司律"（131 条）两部分组成，首次将有限责任制和法人制度引进我国，在体例和内容上均效仿外国商法典。

有学者认为，民法与商法有密切的关系，而且有先后之次序，在当时的中国还没有制定民律，却先制定商律，"不免有倒置之诮矣！"（陈武、刘泽熙编：《商法》，东京并木活版所 1905 年发行）旭伟在《中国近代商事立法之启思》中对这部商法做出了评价："脱离了中国固有的国情商情，从而使中国第一部商法出现后，便招致社会各界的非议，其实际作用亦大打折扣。"

这样的情况，没有法人地位，又没有立法保障的情况下，它需要庇护。因此商人尽管有钱，可以傲视权力，但也摆脱不了权力对他的干预。为了少被政府干预，甚至于能从政府那里得到好处，也迫使商人不得不和政府紧密结合。山西商人既属封建性商贾，理所当然也未能免俗。铜臭把商人们与掌权执法的封疆大吏，以及最高统治者“黏合”起来，使两者貌合神离、“频送秋波”，各取所需、各得其益。在中国经济、政治舞台上表演了一出如胶似漆、朋比为奸的“二人台”。

早在发迹之初，山西商人便以超群的“嗅觉”发现：在皇权至上、极权统治的封建中国，商贾若无官助很难生存，更不用说盈利发展。只有官商“联姻”，借助官权，才能“绿灯”常开，畅通无阻。因此，他们无不注重“感情投资”协调关系。做“协调”勾当，晋商可谓得心应手，且较他省商帮技高一筹，具有远见性——资助穷儒寒士入京应试，直至走马上任。各省举子赴京考取功名，“沿途川资，概由票庄汇兑。川资不足，可向票庄借款。对于有衔无职的官员，如果是有相当希望、靠得住的人，票号也喜欢垫款，替他运动差事。既放外官，而无旅费赴任者，也由票庄先垫”。不仅如此，山西票号还为买官求职者代办、代垫捐纳和汇款，并帮那些已捐虚衔还想谋求实官者打听消息、

介休冀氏家族

运动关节。每年腊月二十到除夕，拉包送礼的专车每天来往于各王公显贵之家，就连其管事、老妈子等都要按名奉送。及至替捐生交款时还要上至尚书、郎中，下到门房、库兵额外分等级“打点”。当投捐者“猎取”的买官、中举者走马上任之时，自然对票号感恩不尽。他们在任利用职权之便，将应解户部或藩库的公款以及个人私款、受贿横财都存在票号，票号也为其严守秘密。一旦遇到查抄处分，票号绝不实告，而是暗做手脚，转汇其原籍支取。

不仅如此，按照朝廷的规定，商人可以根据捐输银两的多少，换得大小不等的荣誉官职。山西票号的财东掌柜们也通过这个渠道来提升自身的政治地位。日升昌的东家就通过出钱，换来了四品知府的头衔。当年日升昌的二掌柜毛鸿翙，更是不光为自己，甚至为家族中祖孙五代人，都换来了大大小小的顶戴。山西商人通过这种途径，由商入官，凭借官商结合的特殊身份，不仅提高了自己的社会地位，也获得了别的商人无法得到的官场内幕消息。正是由于他们建立了与官僚集团十分密切的关系，使他们日后在商场中获得了很大的利益。

产生于商品经济的山西票号，到 19 世纪末 20 世纪初已逐渐疏远、脱离了自身运行的轨迹，一头扎进封建财政体系的“怀抱”，成为专门交结官吏干“大事”、赚大钱的财阀。它在金融界之所以红得发紫并步入“黄金时代”，全赖官商勾结、公款存储和汇兑。其勾结之紧、得利之大，世人实难想象。山西票号的分号掌柜大多与所在省份的督抚交往甚密，为了保持这一固定关系，总号调任分号掌柜时十分注意与官吏的调遣相协调。大德通票号人称“二督抚”的高钰因与赵尔巽交好，赵调往广东省，高则随即前往，赵回北京，高亦同来，赵放四川，高就到四川，亦步亦趋，形影不离。大德通几乎成了赵尔巽的私人库房。长期把持粤海关税款存储及向京师国库汇解业务的协成乾驻广州分号的掌柜，无一任不与海关监督为八拜磕头之交。百川通广州分号掌柜邢象宾，出入张之洞督抚衙门如走平路。董福祥“荣任”陕甘、新疆提督，首要之事便是请蔚丰厚设分号于迪化，为其收存、经汇军

延伸阅读

官僚在票号的资助下，既获得了高官厚禄，又有了藏富的保险柜。票号既得到官僚的政治庇护，又“吃进”了大批公私存款和汇兑业务，扩大了运营资本；既解决了信息不对称、外部决策内部化，又达到了化解经营风险、降低交易成本的目的，从而使自己耳聪目明，如虎添翼，称雄金融界。

饷。枭雄袁世凯为了巴结李鸿章，多次求见未成，只得求助三晋源大掌柜运筹，在票号账房拜谒了声势显赫、难得一见的李大人。至于历任山西巡抚曾国荃、岑春煊、丁宝铨，九门提督马玉琨，湖广总督端方，陕甘总督左宗棠，以及庆亲王、光绪帝、慈禧太后等与山西票号的瓜葛、交往，实难以笔墨尽述。

山西商人通过寻租活动获得大量垄断利润的同时，还带来了消费者剩余、社会福利、机会成本的损失以及社会风气败坏等社会成本。官商勾结尽管可以显赫一时，也可能获取暴利。然而，晋商后期严重的路径依赖，寄身依附于即倾大厦，其亡亦愈速。随着靠山的覆灭，风云一时的山西票号一个个“吹灯拔蜡”，充当了清王朝的“殉葬品”。

灵石王家大院

富足的晋商，用自己的智慧和汗水，演绎着大院的传奇。走在寂静的大院，周围动辄唐砖、汉瓦，一块不起眼的碑刻，也许就是几百年前某位当朝皇帝的御笔。微风吹过，大院檐下的风铃叮当作响，你是否会想起带着茶叶，沿着茶马古道远赴西域的驼铃？

第五章

古来祸福相伴随
极盛之后是危机

近代中国风云变幻莫测，时局反复俨如春梦。太平洋的狂涛载着西方列强的军舰和威力无比的廉价洋货呼啸而来，刺破了国人做不完的安乐梦。脱离自身运行轨迹，依傍官府特权而飞黄腾达的山西票号以及贩运性商业，虽然尽可红极、喧闹一时，给商品经济的发展增添五光十色，并以其雄厚的资财令人惊叹，可它毕竟是孱弱的封建母体孕育的产儿——肥硕而虚弱。它既没有导向性，又缺乏流通渗入生产、转化成产业资本的勇气。世事如同博弈，历史酷似螺旋，盛极必衰，物极必反。社会前进的关键就在这方生未死之间，若没有痛苦的痉挛，就听不见新生儿的啼唤。

第一节　极尽繁盛　谁与争雄

时势造英雄，近代社会的动荡不安将票号与清政府几乎所有的重大财政金融项目紧密联系起来，票号迎来了一个极尽繁荣的时代。山西票号不但在业务活动上全面拓展，而且在地域分布上也达到了前所未有的程度，并开始向海外市场扩张。

关键词：票号业务　总分号　盈利

一、广树信誉地位增　门庭宽广纳四方

从咸丰末年到辛亥革命前夕，是山西票号的又一个发展时期。主要是从第二次鸦片战争以后，清朝官吏腐败骄奢，贿赂公行，社会动荡，盗匪丛生。鸦片贩子、走私商人，都与票号发生了关系，从而使票号的服务对象由过去的以工商铺户为主，向官吏、豪绅和工商铺户并存转变。尤其是经过咸丰、同治年间的太平天国革命、捻军革命之后，官府与票号的关系更加紧密，凡军饷、赔款、丁粮、厘金、赋税和官府财政款以及买卖官爵钻营行贿的赃款，都由票号过局，这个时期是以日升昌为代表的山西票号的极盛时期。

日升昌票号鸟瞰图

甲午中日战争以后，清政府交由票号汇兑的各项公款的数额，各年盈亏不一，但其趋势却总是持续上升的。据统计，1894—1899年这6年的时间中，平均每年交由票号汇兑的公款为479万余两，而1900—1910年的11年中，平均每年为979.7

票号现银

万余两，增长了 1 倍以上。各年度公款汇兑的具体数字为：在 19 世纪 90 年代中期每年约 500 万—600 万两，到 1899 年便超过了 1 000 万两；20 世纪的第一个十年中，就有 6 个年度超过 1 000 万两，1905 年和 1906 年的公款汇兑各在 2 000 万两以上。如此巨额的公款每年交由票号汇兑，使得票号经营者掌握着大量的运营资本，因而在票号经营活动中如何为这一批资本运转开辟有利的途径，就成了票号经营中不容忽视的问题。为此，进入 20 世纪后，票号大力从事放贷活动，就成了它在汇兑之外的另一主要业务了。

随着票号所设庄点的激增，其经营的业务种类也越来越宽泛，山西票号的业务活动具体来说包括如下八个方面：

一、对商号、钱庄存放款。票号通过存放款支持商号、钱庄的经营活动，以咸丰二年（1852）日升昌票号清江浦分号为例，贷款给商号：郁丰号银 500 两月息 7 厘，丰兴典银 4 000 两年息 7 厘，裕泰典银 1 000 两月息 6 厘，德馨堂银 2 000 两月息 8 厘。

二、对近代工业发放贷款。光绪十三年（1887），李鸿章一手操办的中国

票号营业项目

铁路公司为修筑津沽铁路，曾求助于山西票号，争取票号支持。20 世纪初，在全国火爆一时的保矿斗争中，山西票号也曾作出了突出的贡献。山西在成立保晋矿务公司向英国福公司赎回山西矿权的过程中，山西票号曾垫支赎矿银 150 万两，并且是保晋公司的主要集股者。纵贯山西全省的同蒲铁路在修建过程中，得自山西票号的贷款 57 万两，是全部借款 72 万两的近 80%。川汉铁路股款储存有 310 万两银，其中 106 万两股款交由山西三晋源、协同庆、天成亨、蔚长厚、蔚丰厚、新泰厚等票号收存，山西票号与商办铁路之间存在的融通资金关系由此可见。

票号还为近代企业收存股款、代招股金，光绪三十年（1904），大德通票号曾在开封、上海、汉口、北京等地为河南均窑瓷业公司代招股金，光绪三十二年（1906），日升昌等票号曾为河南广益纺纱公司代为收储股金。

三、汇兑海防经费。同治、光绪年间，清政府洋务派发动的洋务运动全面开展，并筹划海防，购买兵舰，海防经费多赖各省协济，并经山西票号汇

山西保晋公司董事会合影

兑。江西在光绪元年（1875）将厘金项下提出5万两，作为奉拨海防经费交于南昌的谦吉升、三晋源票号汇兑天津；光绪三年（1877）又从厘金项下动银1万两交三晋源票号汇付北洋，1万两交新泰厚票号汇福建。光绪十四年（1888），福州将军将所征洋药厘金项下拨银12万两，交山西票号新泰厚等承领，解赴海军衙门投纳。光绪十二年（1886），四川将银10万两交百川通、日升昌等9家票号承领，汇解海军衙门交收。光绪十八年（1892），湖南收捐灾银19 802两，交山西票号协同庆等承领汇解海军衙门。光绪十九年（1893），闽浙总督将征收土药税厘银6 439两，交山西票号蔚长厚汇解海军衙门。

四、汇兑铁路经费。光绪时修筑铁路成为洋务运动的闪光点，清廷对俄建远东铁路有所警惕，遂决定修建关东铁路，并规定修建铁路经费各省年拨银5万两，16省共80万两。光绪十六年（1890），两广总督李瀚章汇解铁路经费白银5万两，发交山西票号百川通、日升昌、蔚泰厚、蔚盛长、新泰厚汇兑至京。同年，四川将白银5万两，交日升昌等九号汇兑。光绪十八年（1892），湖南交协同庆2万两、百川通1.5万两、蔚泰厚1.5万两汇解直隶总督衙门。

当年湖广应解关东铁路经费3万两，发交山西票号百川通汇与北洋大臣，又有安徽应解铁路经费交百川通汇解。大体在光绪十六到十九年间（1890—1893），山西票号汇兑铁路经费在20万两以上。

五、汇兑河工经费。清代河工经费数额很大，由山西票号负责汇兑，使山西票号又大获其利。如同治十二年（1873）广东的河工经费1万两交山西票号协成乾、蔚长厚、志诚信汇兑。光绪十三年（1887）两广三次汇解银21.9万两，交山西票号志诚信、协成乾汇兑，解赴天津支应局转解河南河工应用。

六、赈款。光绪十一年（1885）山东遭灾，由上海交山西新泰厚票号5 000两、元丰玖票号3 000两解赴山东。光绪十二年（1886）直隶水涝成灾，由广东将22 209两交山西票号百川通汇天津转解分拨灾区。光绪十八年（1892）山西大旱，由江苏筹银1万两交山西百川通、蔚盛长票号汇解山西巡抚衙门兑收赈济。

七、汇兑庚子赔款。光绪二十七年（1901），李鸿章代表清政府与外国侵略者签订了《辛丑条约》，其中规定付各国战争赔款4.5亿两，年息4厘，分39年还清，本息共计约9.82亿两。清政府为支付赔款，除从国家财政收入中拿出一部分外，余皆摊派各省，要求各省按年分月汇解，而山西票号则承担了庞大赔款的汇解任务。

八、承办“四国借款”。《马关条约》签订后，对日赔款2亿两，后又增赎辽费3 000万两。时

延伸阅读

汇解协饷。继京饷交由山西票号汇兑后，协饷也随之交由山西票号汇兑。同治四年（1865）山西河东道应解甘肃兰州协饷三次银8万两，均由山西平遥票商汇兑。同年奉拨甘饷银2万两，交山西票号元丰玖等汇解陕西藩库。同治四年（1865）四川奉拨陕饷银2万两，交元丰玖汇兑。光绪十七年（1891）浙江交日升昌银5万两汇解广西藩库。光绪十六年（1890）湖广将协饷1万两交百川通汇兑广东。光绪四年（1878）江西交蔚长厚协拨伊犁军饷银1万两。光绪六年（1880）江西又交蔚长厚银1万两到包头局转解。光绪年间，粤海关交志诚信、协成乾汇解乌鲁木齐协饷9 615两。光绪五年（1879）广东交元丰玖1万两汇解山西归绥道转解乌里雅苏台。同年，广东交志诚信票号1.25万两汇解察哈尔都统衙门转科布多。光绪十二年（1886），江西将协饷1万两，作为奉天丙戌年俸饷交蔚长厚汇解盛京户部衙门。光绪十九年（1893）江西将协饷1.5万两交蔚丰厚汇解盛京。据不完全统计，从光绪元年到十九年（1875—1893），19年间山西票号共汇兑协饷1 023万两，每年平均达54万两。

山西商办全省保晋矿务有限总公司股票

山西商办全省保晋矿务有限总公司
为发给股票事今据宝善堂支到股
本库平足银伍两许作壹股
除随付息摺外合行填给股票须至股
票者

保晋公司股票

延伸阅读

1888 年，一位上海汇丰银行的经理在离开上海前对他的同事说："我个人相信，世界上也许不会再有什么地方的人会像中国商人（即票号商人）和钱庄经营人的行动那样迅速和讲信用。我工作 25 年来，本行（即汇丰银行）与上海的中国人做了许多大宗的交易，数目达几亿两之巨，但我们没有遇到过一个骗人的中国人。"

清政府年财政收入不足 8 900 万两。为筹还赔款，被迫三次举借外债：第一次向俄法借款 4 亿法郎，折银约 9 800 万两；第二次向英德借款 1 600 万英镑，折银约 9 700 万两；第三次向英德续借款 1 600 万英镑，折银因汇价变动约为 1.12 亿两。四国借款每年付息 1 200 万两，加上其他外国借款还本付息和开支，全国财政支出每年要增加 2 000 万两。户部只得将每年所增支出按省分摊，由各省采用盐斤加价或地丁货厘附加办法筹款，汇往上海还债。于是山西票号生意又增，包揽了部分行省的汇兑。这些票号在四川、广东的有协同庆，在广西的有百川通，在安徽的有合盛元，在江西的有蔚盛长，在湖南的有乾盛亨、协同庆、蔚泰厚、百川通，在陕西的有协同庆，在福建的有蔚泰厚，在河南的有蔚盛长、新泰厚、日升昌，在山西的有合盛元、蔚盛长、日升昌、协成乾等票号。

继日升昌之后，先后有蔚泰厚、蔚丰厚、大德通、百川通等数十家票号在全国 110 个城镇开设 480 多家分号，左右着当时中国 14 个通商口岸的金融流通。它们甚至远赴俄罗斯、日本、印度、朝鲜开设分支机构，积极参与国际金融流通的汇兑服务，这在当时曾引起国际金融界的高度重视。英国的商务领事早在 19 世纪 70 年代初，在论及中国埠际贸易的周转和货款的汇付时说：包括进口洋货和出口土货在内，"差不多全由中国的票号担任，山西票号几乎对中国任何地方都签发或出售汇票"，"商人同外省的业务往来，也多由富裕的山西票号占先周转，这些期票都是七天或十天之后付款，而且必定是如期照付的”。日本的商务领事，对票号的作用和在商界的地位也关注有加，他们在出版的《清国商业总览》中讲道："外国银行初来中国，与我国商人交易，款项往来，均赖山西票庄代为汇划。”

二、分号激增资本裕　盈利空前更绝后

庚子事变中，票号业虽然遭受损失，但各家票号都非常强调信用，对于存户的提款毫不留难，甚至主动“退还存款”，因此在事变后票号的信誉更为世人所赞，社会上便一再称道，“官商士庶，皆知票号之殷实”。于是官款、私蓄“无不提携而来，堆存号内，大有挥之不去之势”，在义和团运动失败以

六家票号的分号统计

票号	年份	设分号城镇	家数
日升昌	1886	京师、上海、天津、汉口、苏州、杭州、扬州、清江浦、南昌、湘潭、长沙、沙市、桂林、常德、成都、重庆、西安、三原、济南、开封、张家口、库伦、广州、河口	24
蔚泰厚	1879	京师、上海、汉口、天津、长沙、沙市、成都、重庆、苏州、常德、广州、盛京、三原	13
蔚丰厚	1879	京师、上海、汉口、沙市、三原、西安、苏州、清江浦、扬州、湘潭、常德、成都、重庆、南昌	14
协同庆	1874	京师、盛京、天津、上海、汉口、沙市、长沙、湘潭、常德、成都、重庆、西安、三原、兰州、凉州、肃州、曲沃	17
新泰厚	1875	京师、上海、汉口、广州、湘潭、长沙、南昌、福州、重庆、成都、济南	11
蔚盛长	1871	京师、上海、汉口、沙市、重庆、成都、福州、扬州、淮安、湘潭、常德、三原、南昌、盛京	14

六家票号的分号统计

大德通票号上海分号掌柜高廷祯

后，票号业务的发展反而出现了空前的繁荣，最明显的表现是经营区域的进一步扩大。

如果说 19 世纪中后期，在国内贸易的推动下，票号在沿海口岸和西南、西北地区建立了业务据点，上海、福州、汉口、厦门、南昌、桂林、兰州、昆明等发达地区的票号业有了迅速的发展，那么，进入 20 世纪以后便又进一步发展到西北边陲以及东北一带，如在西藏、宁夏、热河、黑龙江、吉林、

三晋源票号天津分号账房先生范子厚与伙友合影

锦州、长春等地都创立了新的据点，并凭着自身的信誉和实力在香港和国外的朝鲜仁川，日本大阪、神户、东京等地设立票庄，在国内外设庄的地点约有 100 处，从而使得旧有的汇兑网有了新的扩充。

二三十年间，票号的存贷范围还从国内扩展到了国外，光绪三十年（1904）祁县合盛元票号就在日本东京、神户设立了分号，从此山西票商在海外也有了分号。晋商因与俄罗斯、南洋各岛的贸易，还有与日本、朝鲜往来贸易越来越密切，所以就需要大量的银钱现金来支付，但现金支付很困难，只好通过票号，这种拨兑是最方便的办法，省人、省力、快捷。山西票号的经营地域也很广，从西欧国家一直到东欧俄罗斯的莫斯科，日本的东京、横滨、神户，南洋的新加坡，这些地方都有山西票号的分支机构。

以合盛元在海外设庄开始，山西票号在海外的分支数量也逐渐增多，从而开创了中国金融机构走向世界的新纪元。永泰裕票号和宝丰隆票号都曾在印度的加尔各答设过分号。此外，很多票号在日本、朝鲜、俄罗斯等都设有分号，有些票号早在 19 世纪就开始炒卖外汇，有的总经理还亲自到莫斯科去交易。有资料表明，仅在俄罗斯、朝鲜、日本三国，就有山西票号十余家。而在新加坡、英国伦敦，以及美国纽约、旧金山等地，也曾出现过山西票号的身影。

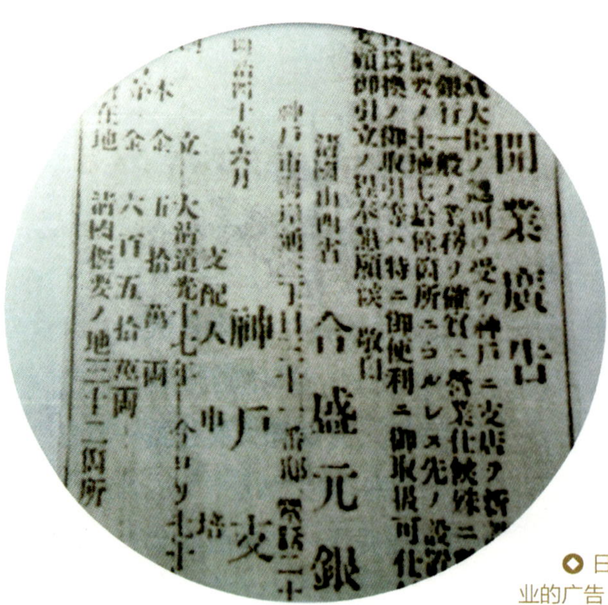

日本神户《又新日报》报纸登载合盛元开业的广告

可以说19世纪后半期的半个世纪，是山西票号业务发展最快最兴盛的时期。山西票号业遍布全国各主要城市和商埠，市面流通全视票号账户盈利程度周转。

光绪年间，山西票号发展到鼎盛时期，除总号之外，分号达到400余家，分布在全国21个行省的85个重要城镇及内蒙古、新疆等边远地方。以最早创办票号的日升昌为例，光绪三十年（1904）时，已在北京、苏州、扬州、重庆、三原、开封、广州、汉口、常德、南昌、西安、长沙、成都、清江浦、济南、张家口、天津、河口18个城镇建立分号。到光绪三十二年（1906）后，又陆续在沙市、上海、杭州、湘潭、桂林等城市增设分号，在国内的分号达到34处。票号设庄之广、获利之大都是空前的，据日升昌在北京等地的14家分号统计，光绪三十二年（1906）账期，这十几家分号获利就达58万两。山西商人一步步迈向了财富的顶峰。大德通票号在光绪十四年（1888），每股分红850两，到光绪三十四年（1908），每股分红达到1.7万两。据当时的户部档案记载，到光绪三十二年（1906），户部有三分之一的银两存在山西票号各家之中。

我们将票号资本获利情况与工业企业的获利作一比较。山西大德通票号

红漆钱箱

1900 年和 1904 年两账期获利共计约 112 万两，相当于该号资本总额 14 万两的 8 倍左右。民族资本的大生纱厂，资本 70 万元，1899 年开车到 1913 年，账面盈利 489 万元，公积金 73 万余元，总计 562 万元，其获利情况是最初资本的 8 倍多。但是，同样获利倍数所用的时间票号是 8 年，大生纱厂用了 15 年。上述的比较尽管还缺乏缜密性，但毕竟提供了一种参照，这种比较既表现出票号金融资本高于工业资本的盈利水平，又表现出其盈利与工业盈利增长的同步性。

票号营运中盈利情况如何呢？就个别票号而言，利润是通过分红派利进行内部分配的。具体形式有大账、小账和东家存款几种。大账结算按账期（一般为 4 年）进行，如票号资本 10 万两银，每万两为一股，则银股为 10 股。光绪年间（1875—1908），票号红利高的时候每股达三四万两银，低的也在每股 5 000 两上下。每届 4 年的大账期，股东们拿走大量红利。而经营人员如票号总号经理通过拿“顶身股”的方式每个账期可获 1.6 万—2.2 万两红利，年均可得 4 000—5 000 两。

由此看出，投资开设票号和投身经营票号均能获取高利，明显的盈利刺激了人们的积极性。票号行业“自光绪甲午后，为增盛时代，自庚子至辛亥为极盛时代，每家存款多至七八百万两，少则二三百万两，每年结账共得利银五百余万两，四年账期，每年每股挣银二万两、一万两不等。此外，八九千两、五六千两者平常数耳。如平（遥）帮之百川通共资本二十余股，每股挣银一万二千余两，则四年共挣七十余万两矣。祁帮之大德恒、大德通皆二十余股，每股挣银一万两、九千两不等，则四年皆挣二十余万两矣。太谷帮之协乾、志诚信亦皆二十余股，每股各皆挣一万二千两，则四年亦皆挣二十余万两矣。其他挣十余万两者尚居多数”。

第二节　晴天霹雳　还我江山

1847 年，第一家外资银行——英商丽如银行在上海开业。1896 年，第一家中外合资银行——华俄道胜银行在上海开业。同年，盛宣怀向朝廷上了“请设银行片”，认为“非急设中国银行，无以通华商之气脉，杜洋商之挟持”。次年，盛宣怀开办的第一家私营商业银行——中国通商银行在上海开业。1905 年 8 月，清政府成立户部银行。1906 年，中国第一家私人经营的商业储蓄银行——信成商业储蓄银行，在上海正式开办。至 1911 年，全国已经成立了 30 多家银行。

关键词：官办银行　外国银行　国家银行

现代银行在中国的生根发芽对传统的票号业形成了巨大的冲击，特别是那些官办的国有银行，凭借其深厚的官方背景，抢去了曾给票号带来丰厚利润的官款汇兑业务。在银行林立的时代，山西票号失去了往日的荣光，票号转型改组势在必行。但是，保守而精明的山西票号一次次地拒绝了现代银行业抛来的橄榄枝，也就一次次地错过了跟上历史发展潮流的契机。

一、官办银行抢饭碗　人生何处是我家

鸦片战争后，随着中英《南京条约》的签订，清政府被迫开放通商口岸，这就使得外来资本可以轻松进入中国。银行，这个来自西方的洋玩意，开始了与票号的激烈竞争。银行在中国的发展可谓一帆风顺。

19 世纪末外国银行在华业务迅速发展，不仅垄断了国际汇兑业务，也极力挤入国内汇兑，与国内钱庄票号相争。19 世纪中期丽如银行等外国银行也挤入中国的汇兑市场，争夺内汇业务。到 20 世纪初汇丰、华俄道胜、东方汇理、横滨正金等外资银行已初步形成在华的庞大势力，这对山西票号无异于雪上加霜。由于外国银行“本大可靠，牵制多而不易倒闭”，人们都“不嫌其利之薄，乐于存放，宦途充裕者无不以银行为外府”。许多官吏认为赃款存于外国银行

◎ 外国银行在华发行的钞票

比存在清廷管辖下的票号更为稳妥、保险。为官者纵有闪失但私蓄藏银无虞，因为银行为之保密，清政府也无可奈何。“于是银行之资本愈大，转运愈灵，各票号无不仰其鼻息”，“西商（指山西票号）之利，稍为所夺”。试以天津汇兑情况的变化为例：天津对上海的棉纱款项的汇兑，年约 1 000 万两。其中由外国银行经办的即占半数，钱庄、银号占 30%，票号仅占 20%。与此类似，许多通商口岸的汇兑业务被外国银行大量侵占。外国银行还在中国发行钞票、吸收各种存款，这也是其控制晚清金融业的重要方式及表现。到清末，外国银行发行的钞票总额约 4 000 万元，并进一步插手票号的存款业务。晚清政局之动荡，也使得大量官僚、地主、买办、商人将资金转移到外国银行以求荫庇，这就缩小了票号的资金来源，从而大大削弱了票号的经营力量。

洋务运动的重要官员盛宣怀认识到经营银行不但利益优厚，而且可以利用银行的信贷业务来促进其他行业发展。盛宣怀顶住内外压力，审时度势，竭力倡导，1897 年 5 月 27 日，中国首家股份制银行——中国通商银行，在上海外滩广东路 6 号成立。银行实收资本金 250 万两，其中 100 万两来自盛宣怀主管的轮船招商局和电报局，78 万两来自李鸿章等官员的投资，其余为商股。

清政府于 1905 年 8 月 29 日成立户部银行，1908 年改名为大清银行。这是中国最早的国家银行，具有国家中央银行性质，可以铸币、发行、代理国库、总揽全国金融业，并在上海、天津、汉口等地设立了 20 家分行。大清银行为

盛宣怀

盛宣怀（1844—1916），清末的政治家、企业家和福利事业家，官僚买办，洋务运动重要官员。他是中国第一家股份制银行的倡导者，现代银行业的大力促进者。他一生的功过得失，随着那个波澜起伏的年代而灰飞烟灭。

户部银行兑换券

大清银行除经营一般银行业务外，还兼有发行纸币、经管国库等权项。1912 年后大清银行改称“中国银行”。户部银行的成立给山西票号带来了深重的灾难。

股份有限公司资本，1 000 万两白银分为 10 万股，分别由国家和私人各认购 5 万股。1912 年大清银行又改名为中国银行。

户部银行成立以后，作为清政府的官办银行，自然而然地垄断了几乎全部官银汇兑业务，这对于山西票号无疑是致命一击。清末前，虽有中国通商银行、浙江兴业、四明等十几家商业银行的成立，对山西票号都构成了竞争威胁，但构成票号主要竞争对手的，则是官商合办的户部银行、交通银行和一些省办的银钱行号。因为户部银行具有代理国库、收存官款的职能和雄厚的资本，所以能够左右市场。过去由票号收存和承汇的官款业务，几乎全部被户部银行包揽而去；由于户部银行在金融业中具有垄断和控制的作用，它对票号的经营有强大的影响。在市场竞争中户部银行要提高存款利率或降低放款利率，票号亦不能不跟随进行，这种做法直接威胁着票号的生存。

光绪末年，中国通商银行、户部银行、交通银行及各省官银钱局相继成立。中央一级的官款及大宗汇兑相继脱离票号。各埠私人银行、钱庄林立，都以高额利息吸收存款。从 1897 年到 1911 年，国内一共设立了官商银行 17 家，都以开展汇兑为主要业务。它们大都尽量降低汇费，通商银行不赚亦要做。1906 年，户部银行利用自己的特殊地位，经清政府批准：凡设立户部银行或支行的地方，“应行汇解存储款项，均可随时与该行商办”。这使票号所周转的运营资本在数量上大为减少。1908 年设立的交通银行在第二年收汇 1 970.05 万两，其中工商业款占 77%；交汇 2 074 万两，工商业款占 91%，而这两笔工商业收、交汇兑原本是各票号经营的。因此，就公私款项汇兑变化来看，票号受国内银行和官银钱局的打击不小，市场份额大为下降，至清亡时它的汇兑量减少了四分之三。

外国银行也渐渐深入内地。加之甲午、庚子两次对外大赔款，国内银根紧张，各地金融风潮迭起，一遇倒账，外国银行持其国力，大清银行挟其政权，均能不蚀其本，唯票号纯系信用放款，一旦倒欠，本息皆空。在此情况下，票号所在各商埠的经理们都觉得应当顺应时势，进行内部改革，合组大银行，以便在新形势下生存发展。这种思想的代表人物李宏龄，当时在蔚丰厚京都分号任经理。他在 1908 年对 20 世纪初票号之危机作过详尽的分析：“……乃自甲午、庚子以后，不唯倒欠累累，即官商各界生意日渐萧疏，推原其故，固由于市面空虚，亦实以户部及各省银行次第成立，夺我利权。而各国银行复接踵而至，出全力以与我竞争。即如户部银行所到之处，官款全归其汇兑……我

李宏龄

李宏龄（1847—1918），字子寿，山西省平遥县源祠村人，著名晋商，清末票号改革家。

行存款至多四厘行息，而银行之存款可得五六厘，放款者以彼利多，遂提我庄之款移于彼处。至于外国银行，渐将及于内地，所有商家贸易，官绅存款，必将尽力所夺，外人之素习商战，则非我所能敌，试问届时，我行尚有何事可做乎？”

银行具有票号无法比拟的优越性，因为银行是有限责任的公司组织，资本比较雄厚，以法人资格经营，管理科学，且主要做抵押贷款。因此，票号的市场份额下降实属必然。另外，随着近代交通事业逐渐发达，火车轮船已经通行，邮局、信局也承做汇兑业务或以减费兜揽汇兑，由此进一步减少了票号的市场份额。

延伸阅读

抵押贷款指借款者以一定的抵押品作为保证向银行取得的贷款。它是资本主义银行的一种放款形式，抵押品通常包括有价证券、国债券、各种股票、房地产，以及货物的提单、栈单或其他各种证明物品所有权的单据。贷款到期，借款者必须如数归还，否则银行有权处理其抵押品作为一种补偿。

二、为民解忧为民愁　国家银行今何在

山西票号最初由于商品交换和货币扩大流通的需要而产生，它是从商业中分离出来的金融机构。从 19 世纪 50 年代以后，其业务蜕变为汇兑和垫借公款为主，对普通商人和百姓的汇兑已不屑一顾，甚至规定 500 两以下概不办理汇兑。他们通过汇兑公款，手中经常川流大量资金，加之公款不计利息，从而获得了很大利益。光绪三十年（1904），清政府规定公款发商生息办法后，利率年息不过 4 厘到 5 厘，票号占用公款仍然利益很大。八国联军入侵，为了支付《辛丑条约》的赔款，清政府更是离不开票号汇兑。正是汇这些赔款，把票号的生意带上了巅峰。据统计，光绪三十二年（1906）七月，户部存放各银行票号款项共 693 万两，其中户部存放银行 424 万两，约占总额的 61%；存放票号 206 万两，约占总额的 30%；存放外国银行 57 万两，约占总额的 8%；存放其他行号 6 万两，约占总额的 1%。以上统计说明，票号掌握着户部约三分之一的存款，也就是说票号的利益与清政府的利益紧密联在一起，以致票号走上了畸形的繁荣之路。

1897年，清政府拟组建银行，向晋商抛出合办的“绣球”，但遭到了毫不犹豫地拒绝。清廷遂派全国铁路督办大臣盛宣怀诚邀江浙商人参股开办了中国第一家银行。此后，交通银行以及各地官银钱号相继问世。它们一出台就将“兵锋”直指票号，发生了争夺汇兑业务的金融大战。盛宣怀恳求清政府“嗣后凡存解官款，但系有通商银行之处，务须统交银行收存汇解”。他叮嘱通商银行董事会说：“唯承汇官商款项，必须格外迁就招徕”，“甚至当差无利，亦须承接……通商银行汇票不赚亦要收，况西号（即山西票号）亦未必有此章程”。通商银行以“振兴实业”“通华商之气脉”为口号，因利乘便代行国家银行职能：发行钞票、经营公债、存汇官私款项和放款。从而动摇了票号称雄金融界的霸主地位，一举打破其官款汇兑的独揽局面。票号汇兑官款数额由1906年的2 250万两锐减到1911年的530万两。

通商银行大楼

通商银行是中国人自办的第一家银行，也是上海最早开设的华资银行。通商银行创立时，招商股500万两，盛宣怀曾向山西票号招商，可惜被山西票商拒绝。通商银行的成立，动摇了山西票号的金融霸主地位，成为山西票号最强有力的竞争对手。

本来顺应时势在中国开办银行，是山西票号顺理成章也是最拿手的发展方向，然而，晋商过于精明，拒绝了这个机会。光绪三十一年（1905），清政府提出设立户部银行，要求票号出钱出人，被晋商拒绝。旋又提出由政府出资金，由票号出人，又被拒绝。户部银行成立之后，曾找山西票号入股，再遭拒绝，无奈之下，户部银行改由江浙绸缎商筹办，这直接导致后来中国金融业被江浙商人所控制。连朝廷的建议都拒绝，直隶总督袁世凯更不在话下。袁世凯打算成立天津官银号，请山西票号入股，也碰了钉子。拒绝的理由其实很简单，就是怕“外人”和“外资”插手票号。

尽管如此，在清末以前，票号依然拥有相当大的势力。随着时间的推移，票号经营方式的落后性越来越突出，票号是经营存款、放款和汇兑的银行业。作为银行业，除自有资本外，它发展的规模，决定于存款开展状况，存款多，放款就多；放款多，收入利息多，除支付存款利息外，利润就多。另一方面，如果存款户挤兑，因放款收不回来无法支付存款，那么贷款愈多就倒闭得愈快。加之金融利润又大多归于户部银行，票号所赚利润日益减少。“船漏偏遇顶头风”，山西票号终于在辛亥革命的战乱中遭到致命的打击。

第三节　改革守旧　路在何方

在清政府日薄西山、银行等现代金融机构崛起的形势下，山西票号内失依靠、外有强敌。以李宏龄、渠本翘为代表的有识之士呼吁票号进行改组，联合组建银行以挽回颓势；然而由于种种原因，山西票号丧失了这最后一根救命稻草，再也没有了恢复旧日风光的可能。

关键词：改组银行　李宏龄　守旧派

一、天上掉下金馅饼　思前想后谁敢接

清末，山西票号已呈衰落状态，就像一艘破船，到处漏水快速下沉。一些有识之士企图援救，提出了不少在今天看来仍值得称道的建议和对策。光绪二十九年（1903），北洋大臣袁世凯从巩固和壮大其地方统治实力等多种原因考虑，曾邀请山西票号加入天津官银号，但山西票号没有响应。光绪三十年（1904），户部尚书鹿钟霖在组建大清户部银行时，曾邀请山西票号加入股份，山西票号也未积极响应，又一次错失了生存发展的良机。

在清代末期，西方股份制银行进入中国境内展开业务，清中央和各地方政府跟进效仿开办官方银行，在金融市场上大大挤压了原来称霸金融业的山西票商的生存空间，使其在金融市场竞争中节节败退。以李宏龄、渠本翘为代表的山西票商中的有识之士，认识到票号与银行竞争中的制度劣势，在1908年初，受清政府户部出台的涉及各种由银行性质金融机构的管理条例以及资产清查登记制度的促发，提出山西票商合组银行的倡议。

李宏龄从1862年进蔚丰厚票号做事，至清末已经近50年，中间轮换主持京师、汉口、上海号事20年，洞悉商情，善于经营，锐意改革，是著名企业家。李宏龄联络京都票号同仁，几经会议，光绪三十四年三月二十三日（1908年4月23日），以京都祁、太、平三帮票号名义和京都平帮名义，分别向祁、太、平三帮和平帮总号发出第一封信，同年11月15日和1909年1月3日又

发出两封信，与总号总经理们商谈票号各家共出资本，再加招集股本，合股一大银行，作为票号的后盾，在危机中求生存。

在这几封公开信和李宏龄的个人信件中，对票号合组银行的必要性以及具体办法作了论述。自甲午、庚子以后，票号所以倒账累累，官商各界生意日见萧疏，这些来自票号中层的分号经理们认为，原因是经济危机和银行竞争。

合组银行的大概办法是：

——每家票号各出资本三五万两，作为有限公司制。

——集股500万两，每股100两，月4厘行息，总资本含各家票号投资。

——银行应名为晋省汇业银行，悉遵票号做法，略改其不作抵押等不便之处，以合银行规则。

——公举熟悉商情、声望素孚之人充总经理。昨日与渠楚南观察而商，楚南甚为欣允。

——银行成立后，除内地繁盛各处均占分庄外，可渐推及各国商埠，以保本国利权。

票号同仁合组银行，既立足于国内银行竞争，又兼有与外国银行抗争保利权之意，反映了民族资本发展的欲望。而他们推举的经理人——渠本翘，也具有民族资本代表的性质。渠本翘，字楚南，山西祁县人。渠本翘的父亲渠源祯，是创办三晋源、百川通等票号的资本家，家资数百万，人称“旺财主”。本翘自幼喜读书，1892年殿试赐同进士，朝考为内阁中书，后任清外务部司员。1903年改任驻日本横滨领事，1905

晋商银钱业招幌

渠本翘

渠本翘（1862—1919），原名本桥，字楚南，山西祁县人，山西最早的实业家。作为晋商历史上重要的人物，他以商济世，成为票号历史上值得怀念的人物。

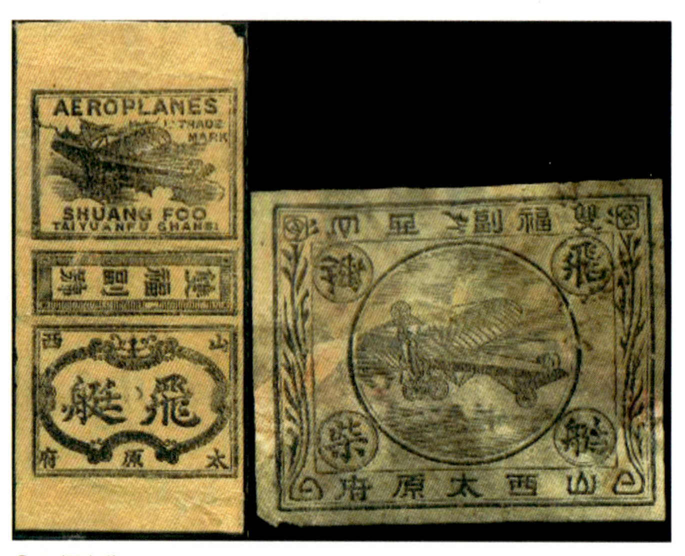

◎ 双福火柴

双福火柴作为山西第一家火柴厂，也是山西最早的民族资本企业，凝聚了山西早期资本家以实业救国救民的一片心血。

年假归，同年任山西大学堂监督。1906 年，山西人民掀起赎矿运动后，本翘受山西布政使丁宝铨之约，与刘笃敬等人同英商福公司谈判，并任保晋矿公司第一任总经理，1908 年春交付第一次赎款 135 万两白银时，就是由渠本翘出面向各票号借用的。因争矿和办公司有功，奖以三品京堂候补。渠本翘在争矿的同时，与祁县另一乔姓，1906 年出资接办山西官办火柴局，改名“双福火柴公司”，是山西第一家近代民族企业。

渠本翘被推举为合组银行经理时，积极从事筹组银行的活动，亲自赴祁县、太谷、平遥向各票号的总经理宣讲自办银行的道理，商谈自办银行的办法。正在酝酿之际，1908 年 10 月，汉口、上海两地市场波动，钱庄倒闭，票号倒账累出。接着，光绪和慈禧下世，京师市面又紧，筹组银行遇到阻力。在此情况下，李宏龄认为 :“各老号诸君未悉此外时外间各省情形，并各码头为难之故，将守从前旧规，不肯稍事变通。”为使其了解外情，能更新法，一致认为，务必各埠分号共同起来，来说服总经理。于是，1909 年 1 月，李宏龄以京都祁、太、平三帮票号的名义，向各埠分号发了一封信，要求“各就码头情形，细加斟酌，切实公县函告各总号，务使洞悉外间市面”。各埠分号接京都信后，纷纷开会，议论形势，商讨意见，一面发函京都祁、太、平三帮票号，祈诸位同仁竭力张办勿畏其难 ; 一面发函总号，请各位总经理认清形势，从速决断，合组银行，以孚众望。营口、奉天、汉口、西安、广州、重庆、成都、沙市、兰州、济南等埠分号的信件，接连飞向总号。这些信函在陈述票号危机的同时，主要谈到市面倒账和银行的竞争，下面是这些信件中比较有代表的几封，希望通过以下信件的内容对当时票号业务的竞争全貌有一个大致的了解。

营口票号说："近年来各省银行林立，所做者皆我行之生意，所夺者皆我行之利权，我行已受其影响。""弟弟目睹三十三年冬营口倒账之事，则银行更不可不立也。如大清银行则收其十足而有余，我帮则收其半而不足，何彼此之悬殊也？实我帮之力不逮也。使彼时设有银行为之，首当不致受其恫吓，让其优先。"

汉口票号提道："汉地银行十数余家，钞票普通者户部、汇丰、官钱局数家而已。""以放账而论，我帮之耳目虽灵，究竟有不周之处。而银行有押款之例，其策可称万全。值亿者仅押数千万，值万者只押几千，倘有意外之变，公本可保不失。有备无患之举，实为我帮之不及。"

西安票号则强调："我等票号虽大信服于天下，而现实大清等银行到处林立，侵夺我等利权，致我等存款、会项日见其少，久之司无所事，将有不能自立之势。"

广州票号的说法也差不多，"目今中外银行推广日多，各埠市面倒风日炽，我帮明被侵夺，暗受影响，昔所谓蒸蒸之业者，今已成岌岌之势矣"。

重庆票号说："即如重庆一隅，大清银行未设以前，无论生意多寡，利息大小，辞受取与，我帮颇有此权。自去年该行设庄以来，我帮意在鼓舞涨价，伊反下跌贪做，稍不留意即使我无所措手。揣其概所凭者，权力广大，资力雄厚，一往无前，靡所顾虑。"成都票号忧虑地说："外国商务未入过商学，商智不开，如在睡梦不觉。今大清银行在本国各省设立，明夺我帮之利。长沙、江南全被官家夺尽。成都如有汇款十分大清银行夺取五分，我帮十三家分会五分。交通银行再来，我帮真有不能立脚之势。"

奉天票号则说得比较详细："适庚子以后，市面之银钱不敷周转，财源之来路渐渐艰涩，而日俄有鉴于斯，俄曰羌帖，日曰手票，以及横滨等票散布于三省，渐及关内，几乎无地无人不信用，以故各行汇款汇水稍有增长，即携带各票而往。嗣后官银号、大清银行次第设立，而以银洋各钞周于市面以抵制之，虽未能与日俄之票并驾齐驱，则享其利益究难屈计。每遇官商各款尤于我帮极力竞争，于是我帮不但息利尽失其权，即汇水亦数数不可多得矣。至若倒欠出，而无论各号之多寡，先尽该等之款悉数清偿，则公家歧视我帮已属显见。”

而拦阻合组银行一事的，主要是蔚泰厚总经理毛鸿翙，他资历较深，不仅在蔚字五联号有发言权，而且在票号界也颇有影响，因而他的言论具有左右合组银行成败的作用。毛鸿翙在接阅京都三帮票号同仁的倡议时，闻之大为不然，以为票号不合组银行也安然无恙。随后，似乎也觉得可行，但又觉得即使组成银行，如果没有外国人的势力也会争不到生存权利，于是曾提议应招外国人入股。1908 年冬，汉口、京师、上海市场风潮涌起，各票号倒账累出，他又觉得大家惊慌不安，担心难以办成，于是提议暂且缓一缓再办。当票号各分号纷纷发函劝总号从速议决自办银行时，他又觉得来势不对，像是有人捣鬼，或者为了私利，或者为了夺权，产生疑虑，因此既不听纳贤言，又不和各资本家商量，而是愤然道：“银行之议系李某自谋发财耳，如各埠再来函劝，毋庸审议，迳束高阁可也。”他的这个言论，传到各地，又到京师，终到李宏龄，“宏至是如冷水浇背，不得不张口结舌，而筹办银行之议，烟消云散矣”。

银号钱折

从1908年初开始，李宏龄等人多次采用信函和当面陈述的方式，向各票号总号经理和股东进行劝说和鼓动，并寻求各票号在各地分号经理的支持，但最终受到以李宏龄的上级——蔚泰厚总经理毛鸿翙为首的各老号经理与股东的否决而宣告失败。此为第一次合组银行失败。

1911年，清王朝摇摇欲坠，票号也病入膏肓。这时，山西票号的所有东家和大掌柜，只要不是盲人，都能看到前途的黯淡，于是，再度商议改组票号为银行。当年的反对派首领毛鸿翙第一个举手赞成。但时机已经错过，票号多已巨额亏损，失去了募集本金的能力。

1912年后，随着形势的剧烈变化。一些原来坚决反对合组银行的票号总经理，这时也幡然醒悟。原来攻击李宏龄倡组银行的毛鸿翙，此时也来了个180度大转弯。其时，正好有当时社会名流梁启超从日本返京，于是，票号之在京各分号于1912年10月28日晚6时，联合宴请梁启超，希望借梁启超之大名给再次合组银行的山西票号以鼓动。然而，机不可失，失不再来。与1908年时相比，此次合组银行的客观形势与条件毕竟是大不相同了。那时，虽说危机四伏，信誉仍然很好，前途虽有危险，家底都还殷实。因此，当时筹办银行的资本，“每家仅出三五万，即有百万股本云集”，“三五年后，再招三五百万，似有把握”。而此时，即1913年上半年，袁世凯刺杀宋教仁案发生，国民党起而反抗，一时粤、赣、皖、湘四省独立，袁世凯大兵南下，形势十分紧张。对于一向以“北存南放”为其特色的票号来说，南放之款纤发难收，北存之款处处逼提，所有票号都遇到了一个共同的问题，就是银根奇紧。账面盈余看来还有640余万两，而号内实银，即使千数百两的小数，也不易周转。因此，筹设大的汇业银行，其周转资本就成为一大难题。不得已，李宏龄、毛鸿翙等请求政府出面，息借奥地利法郎3 000万，言定30年还清。不料，第一次世界大战爆发，借款失败。合组大银行的梦想就化为了泡影。

三次合组银行的失败，除外部不可控因素以外，主要原因是内部因素。根据第一次合组银行的主要当事人李宏龄提供的资料和后人的整理总结，票号整体存在着一种态度差异，即中下层分号经理普遍支持合组银行，而上层总号经理却持反对意见。老号总经理和股东们的反对成为第一次合组银行失败的主要原因，而反对的主要原因又是由于他们不识时务、泥古守旧，以及各怀私心、不能同舟共济等。

二、前锋阵地话改革　高楼深宅言守旧

19 世纪 70 年代以后，娘子关外紧锣密鼓大办洋务，近代化民用企业拔地而起，招商集股已成为一种“时尚”。面对这“数千年来未有之变局”，业已“阴盛阳衰”的山西商人却不为所动，路径依赖的惯性使他们依然规避在清廷的卵翼之下，热衷于求田问舍、窖藏金银、官款汇兑和异地货物的“倒腾”。当 19 世纪末 20 世纪初历史翻开新纪元的一页时，山西票号虽然亦开始逐步向生产领域试探、转型，但为时已晚、良机尽失。它遭遇到新兴金融势力毫不容情的竞争。

面对国内外银行左右夹击的骤变局面，票号同仁中的有识之士颇感忧患。遗憾的是这颇有见识、力挽颓势的倡议遭到守旧势力的激烈反对。蹈常袭故、抱残守缺的蔚字号总号毛鸿翙等人更多地考虑自己的名誉、地位、权力，毫无

娘子关

弃旧图新、重整旗鼓之意，而且还处处作梗。既导致李宏龄等人多方奔走呼号、苦心设计的联合银行“流产”，又贻害自身，使面临灭顶之灾的山西票号只能在日益陵替的境遇中苟延岁月。

外国资本主义入侵中国后，国内逐渐出现了上海、天津、汉口等商业中心，加之国内市场成为国际市场的一部分，信息瞬变，各种势力角逐，整个市场进入商战时代。形势的变化，要求银行业要了解市场、研究市场，才能作出符合实际的决策，避免业务指导上的失误。在分号供职的职工，因身临其境，深感市场不同以往，不断建议总经理和资本家要到各商埠走走，特别是到京师、上海、天津、汉口，了解外情。这时，许多城市都通了火车或轮船，交通也比较方便。而一些总经理听若罔闻，完全成为封闭式的家长，以不变应万变，导致决策失误不断出现。蔚丰厚票号总经理对扬州、南昌分号在吸收存款和承汇官款上，都决定要他们收缩，结果在他人帮助下，没有按总号意思办而获得利益。后来，总经理只夸分号能干，而却不反省他指导上的失误。再如，进入商战时代，工商业倒闭不断出现，银行业要做到贷款安全，就要改变贷款方式，即由信用放款改为抵押贷款，这是西方银行的一条重要经验。当时国内一些银行也这样做了。而票号总经理却没有看到信用放款的危害，一味只做信用放款而不做抵押放款，使其倒账和倒账清理都受到比银行更多的损失。

清末的经济危机和外国银行势力的深入，使社会上的有识之士对票号普遍有危机之感，他们撰写论文尺牍，谈形势的变化和票号的危险、组建大银行的必要性。1904 年和 1906 年发表在《南洋官报》《北京日报》的两篇文章，是这个舆论的代表。现在把舆论主要点做一综合介绍。舆论认为，票号之生意，视商务为兴衰。商务盛票号盛，商务衰票号亦衰。绝无商务衰，而票号能独存之理。近数年以来，市面萧条，银根奇紧，商务已衰。票号生意会因之而不能持久，若不及早图谋划策，另立根基，数年之后，因无利可图，号东收庄回里；

延伸阅读

票号的衰迹是经理们事业精神衰退的反应，而经理们事业精神的衰败，则是他们自身保守的必然。保守有一个特点，就是向后看而不向前看，一切照既有章程办事，不敢越雷池半步，常常视改革为异端，生怕别人夺了他的权。票号内部守旧与改革的矛盾，通常反映为中下层职工与总经理之间对时势判断与处理的矛盾。

伙友知号业将收，群思乘机攫取，彼时欲设法挽回，而大势已去，噬脐无及，票号之利权去矣。唯中国官商久不见信于天下只有山西人声名尚好，倘能趁此誉满天下之际，创办一大银行以保利权，则票号幸甚！晋民幸甚！

票号总号组织机构及人数

票号实行总经理对资本家负责制，资本家将资本委托总经理后，除共同制定号规外，票号分庄的设置与撤销、业务经营、人事管理等均归总经理负责，资本家一般不予过问。这种制度，使总经理在票号享有至高无上的权力，完全就是一位封建家长。家长制是中国古代社会一切商业、金融经济组织的传统制度，虽经鸦片战争后西方文化的影响，直至清末在票号方面也没有任何变化，说明它是根深蒂固的。总经理的这种地位，加之他又享有顶身股最高额的权力，政治经济利益集于一身，使他产生优越感，自认为能力超人，往往遇事独断。长此以往，遇有他议，不从事业考虑，甚至怀疑他人要夺权。为了权力，他的顽固性和保守性就可想而知了。

1913 年，已经风光不再、奄奄一息的山西票号，为了求得活命，终于被迫决定筹办汇通实业银行。然而，此时票号已经拿不出办银行的资本金，向政府伸手请愿求援无人理睬，只得向美国银行团借款 500 万元银洋。可是，哪怕到了这时，山西票号仍然不愿意让出股份，而且又不能提供美国银行所要求的抵押，美国银行认为，“不能于借款所办之实业内，得有相等之利益”，又缺乏抵押的保障，无法伸出援手，居间牵线的财政部也已经厌倦，表示“本部不与问此事”。这时，山西票号的灭亡已成定局。

第六章

昨日红花今日香
对看花瓣成追忆

岁月流逝，斗转星移。当年诸多艰苦创业、奋斗终生的晋商创始人都带着一份对基业的眷恋离开了人世。他们无法预知自己的家业到底能够维持多久，但唯一肯定的是每一位创业者都希望后浪推前浪，自己的后辈能够青出于蓝而胜于蓝，将他们终生奋斗的事业推向一个高峰。然而这种期盼没有得到完全的实现。面对雄厚的资产，晋商许多后人的思想已经麻痹，他们忘记了祖先留下的各项禁忌，丧失了勤俭朴素的品质，完全沉醉于对生活的各种享受之中。这样，一股奢靡之风在字号内蔓延开来。坐享其成、不求上进势必坐吃山空。腐败颓废、豪奢放纵岂有不败之理？经历过 5 个世纪风雨坎坷的晋商，给世人留下的就是那些气势夺人的深宅大院。虽然从表面上看，这些院落是晋商繁荣富庶极好的表达方式。然而，当时，建造巨宅的祖先怎么可能想到他的基业灰飞烟灭，一蹶不振？晋商的后裔对此感到无比的遗憾和惋惜，若不是这些大院得以再次开放，晋商也许永远只能尘封在这些被人逐渐淡忘的深宅大院里了。

晋商这支“西北军”受国内外时局影响，以及置房买地资金沉淀、后期墨守成规陋法、股份制后期产权模糊、权责利不对等、高度集权、经营者的利己性动机与企业利润最大化目标错位而导致全军覆没。同时由于多年实行无限责任制，从而也拉垮了苟延残喘于各地的各分庄连号。各地驻外分号掌柜、伙计或树倒猢狲散，四处亡命；或改换门庭，效力于他人。虽然亦有少数人勉力撑持，但是，落花流水春去也，纵有奇才奈若何。就这样，名噪一时的山西商人在国内外势力双重打击下，结束了自己 500 年光彩耀人的历史。

第一节　风雨飘摇　大旗将倒

19 世纪中叶，经过工业革命洗礼的西方资本主义将视野转向东方尚待“开发”的“处女地”。他们的坚船利炮轰开了“天朝上国”封闭的大门，将古老封建的中国强行卷入资本主义“漩涡”。外国洋行——这一“用以摧毁一切万里长城、征服野蛮人最顽强心理的重炮”凭恃“值百抽五”关税和“值百抽二点五”子口税的低税率“惠顾”而遍运天下、风靡各地。虽然蓝眼、黄发、高鼻子的人为中国百姓憎恶不已，但制作精巧、花样新颖、价廉物美的洋货却颇受国人青睐。就连朴素俭朴的三晋也是“十室之邑、八口之家，无一人之身无洋货者”。东西方碰撞、洋土货打擂，优胜劣汰的法则已决定了洋货大侵、土货惨败及各行工商业重新抉择、调整、排列、整合的命运。

辛亥革命和 1912 年北京兵变，国内不少城市的兵乱和焚抢，工商业又一次遭受损失，而工商业的损失有一部分又形成了票号的坏账。在变乱中出现了全国范围的挤兑风潮，票号放款收不回来，无力支付存款，大部分票号纷纷搁浅关闭，最后倒闭。

关键词：辛亥革命　清政府倒台　票号衰落

一、风雨欲来风满楼　众生飘摇似落叶

从中法、中日战争到义和团运动及八国联军侵略，中国可谓内忧外患，战乱纷飞，清末票号的发展举步维艰。战乱直接影响了工农业生产和贸易发展，也因此间接影响到金融业，包括票号业的经营与发展，同时战乱有时还会直接侵袭票号业。

两次鸦片战争、甲午中日战争、八国联军侵略战争和发生在中国东北的日俄战争，每次战争都使晋商在那里的工商业遭到破坏。仅甲午战争、八国联军侵略战争和日俄战争，就使晋商在东北、华北等地区的商号财产损失多达数千万。光绪三十四年（1908），山西巡抚在奏疏中说：“（晋商损失）多至数千万，元气至今未复。来年营口西商亏倒银二百余万，今则赎回矿产又增二百余万。”更惨的是在北京开当铺的晋商，他们的损失更大。晋商经营的当

铺有 200 余家，每家资本七八万两，少则也有三四万两。但在庚子八国联军侵略战争中，90%以上被抢劫一空，未被抢及被抢未尽的只十余家。俄国商人在第二次鸦片战争后，威逼清政府给予他们前往张家口、天津、上海、汉口等地的通商权。原来独占中俄恰克图贸易的晋商，只能灰溜溜地被排挤出去。

19 世纪 70 年代，由于外商压价，丝、茶发生危机，华商亏损倒闭，在苏州、汉口的票号倒账数十万。倒账意味着亏损或亏空，一旦发生挤兑，就必然会因放款收不回来而倒闭。胡光墉经营的阜康票号就是因为经营丝业受洋商欺骗而产生亏损最后倒闭的。全国性的信用危机波及整个金融业。20 世纪初，以经营豆油生产和出口为主的营口“东盛和”五联号商行倒闭，亏欠外商银行、户部银行、票号炉房 500 多万两，其中票号 200 万两。外商银行、户部银行是抵押放款，又各有特权，它们借出的钱款几乎全部收回；票号是信用放款，虽同是债权团组成人员，然而收回款项连一半都不到。东盛和之后，又发生上海的橡皮风潮。在这次风潮中，源丰润、义善源票号相继倒闭，亏欠公私款项数百万，又一次引起票号业的信用危机。清末前，票号倒账损失之所以严重，就其经营方式说，致命的弱点是它只做信用放款，而不做抵押放款。大量放款没有任何物资作保证，在经济危机和政治动乱中，收不回贷款的风险是极大的。

许多商号、商行因为经营不善出现倒闭，往往连带将放款给它们的票号也一并拖垮。每次经济危机一来，就有许多票号因挤兑而又无款支付而倒闭。

1900 年 7 月八国联军攻占天津、8 月攻占北京，京、津票号纷纷撤庄回乡，途中又遭遇银两被抢、账簿丢失的不幸。1911 年 10 月 10 日武昌起义，继而各省响应，清军反扑，土匪蜂起，社会混乱，许多城市发生焚烧抢掠，殷实商号和金融业受灾最重。天成亨票号仅汉口、成都、西安三处被抢现银就达 100 多万两，共计亏损 200 多万两；日升昌票号仅陕西、四川就损失 30 余万两，放款无法收回，损失 300 万两以上。由此可见战乱影响票号之惨重。

曾任天成亨票号分庄经理的史梦麟在回忆当时情形时说：“……不数年即逢民国反正，时局大变，土匪蜂起，生意停顿，以致各分庄当地损失，钱货庄歇业，唯汉口、西安、成都三处被匪劫现银百十万两。待至大局抵定，统算吃亏共在二百几十万两。该外陆续归清，外该难指半数，总理等虽具经纶之才，亦不能如前施展，整理数年，难复信用。”

著名票商、天成亨票号总经理侯定元墓志铭述其事云：“国体改革（指辛亥革命），汇兑不灵，各庄往往遭劫，金融滞塞，同事诸先达或辞世，或观望，存亡成败不绝者如线，号东与同事议推公为经理，公明知时事日非，信用将失，无能为也。然思食其食即当忠其事，况盛时则相分润，败则漠不相关，岂大丈夫所为哉？公力为维持，其事乃定……”

北京是票号吸收存款最多的城市，占其全部存款的 30%。因而，山西票号搁浅倒闭，就从北京分号开始。战争和革命所带来的经济危机和政治风波，使许多票号开始倒闭。在倒闭声中，山西 22 家票号除大德通、大德恒、三晋源、大盛川等四家票号因资本实力雄厚，拿出大量现款，应付辛亥壬子挤兑风潮，信用未失，继续营业外，日升昌等十多家票号，因无力应付挤兑风潮而相继倒闭。大德通、大德恒、三晋源、大盛川四家票号又延续了二三十年，最终还是逃不掉倒闭的命运。

社会动荡、人心惟危，持票挤兑者纷至沓来。为了顾全信誉，票号尽力维持兑现，但漏船偏遇顶头风。“该外之项日加紧迫；外该之款，纤发难收”，成为呆账。据蔚盛长经理雷士炜自述说：“民国三年各省钞票低落异常，将屡年积金完全亏损，因而各庄营业停止。京庄营业向来萧条，只有存放贷款，少出银票，虽然赔累，总不肯失信于人，殆至民国五年，与老号东掌柜磋商办法，以信义为重，委托庄外该之款，除抵补各庄贷款外，有余尽数带京清理贷款，与债权人和平商酌，数年不久，完全了事。民国十三年（1924 年）回平将手续交代东掌矣。”

清末天灾人祸接连而至，内忧外患纷至沓来，国势衰微孱弱，财源日益枯竭，开支不断扩大，财政极端困难。财政的突出开支有庞大的军费、巨额的战争赔款等。清政府在资金紧迫之时往往对票号施加压力。曾代理国库的志诚信票号在庚子以后把业务重心移至北京，该号尽收国库余资，贷放南省，辛亥革命中清廷用款刻不容缓，在应收款 400 余万两、应付款 200 余万两的情况下，因周转不灵而宣布倒闭，号中经理人员连同股东均被押入大牢。清政府为了解决军饷匮乏的问题，增设厘卡，提高厘金征收率，并命令货捐局严追捐银。这阻碍了商业流通，加剧了钱荒，将许多商号推向破产，进而恶化了票号的业务环境，并危及其放款的回收。

据 1913 年 9 月，日升昌等 14 家票号统计，尚有存款 2 509 万余两，放款 3 150 万余两，放款比存款尚多 641 万余两，但却一个个关门停业了。比日升昌等 14 家先前关闭的合盛元票号，分北京、天津、祁县三个清理处清理债权债务，至 1920 年 1 月祁县清理外债 13 个城市，尚有存款约 111 万两，放款约 117 万两，放款仍比存款约多 6 万两，依旧无法结清。其中，奉天欠放款 238 181 两，营口欠 182 155 两，主要是奉天合盛东钱铺和营口东盛和五联号清末倒闭前拖欠的放款，根本没有收回的可能。

1911 年 10 月，全国尚有票号 26 家，经辛壬之变，山西帮和南帮票号 22 家搁浅清理，另有山西帮票号 4 家继续营业，其中 3 家延续至 1933 年以后。多数票号倒闭，少数票号生存。按说，各票号放款经营方式和规模以及所处的客观环境都是一样的。在辛壬挤兑中，22 家倒闭的另一重要原因，就是它们的资本家由于种种因素，经济实力空虚，再拿不出钱来维持挤兑，再加上各个经营者（职工）对维持经营缺乏信心，人心不齐，逃跑的逃跑，怠工的怠工，更加速了其倒闭的到来。

1913 年日升昌等 13 家票号存放款数额一览表

票号名称	存款金额（两）	票号名称	存款金额（两）
日升昌	2 959 757	存义公	1 503 040
协同庆	2 651 055	天成亨	1 339 200
宝丰隆	2 594 932	新泰厚	1 212 955
蔚泰厚	2 062 610	蔚长厚	1 095 200
蔚丰厚	1 896 200	锦生润	695 916
蔚盛长	1 831 346	大德川	498 617
协成乾	1 700 340		

素具声誉的山西票帮虽经多方筹措、挣扎，仍难逃避清理的厄运。日升昌、蔚字号等一代名号，相继落马、资不抵债。大德通、大德恒、三晋源三家票号虽苦为撑持，但毕竟是“强弩之末”，难以扭转整个行业一蹶不振的衰退之势。昔日红极一时的票号不久便极不情愿地退出了历史舞台，让位于近代新兴银行业。

在晚清时期，票号对国内国际贸易的结算和金融市场的发展起到了积极作用。但是在清末，票号的发展面临着内忧外患的局面，因为其自身的弊端、不良的宏观环境、现代金融机构的竞争和金融风潮的影响，票号盛极而衰。

二、谁言树倒猢狲散　昔日伙计弃东家

尽管晋商创立的激励制度在一定程度上还是起到了相当不错的作用。然而，人的贪欲是无穷的，票号的激励机制，并不能杜绝内部的贪污腐败、作奸犯科。在辛亥革命后票号的兵败如山倒中，那些享有票号优越待遇，拥有身股的经理、掌柜们，照样卷款潜逃，弃职回家。

光绪初年，山西发生严重旱灾，巡抚曾国荃设立晋捐局，筹集各省的赈灾款，往来款项均由山西票号经手汇兑。四年之后，爆出大案，巨兴源票号的贾世源、车跃龙二人，勾结官府的书吏，隐匿侵吞赈灾款，被查出万两银子的窟窿。他们不但挖国家的墙脚，还挖票号自己的墙脚。在第一家票号日升昌中，有一个叫“余庆昌”的秘密账号长期存在，进行放贷营利。余庆昌是有身股的白领、金领的秘密小金库，相当于今天的“老鼠仓”。

1907 年 11 月，营口的大榨油商东盛和五联号倒闭，这个大商号共欠山西票号 200 多万两银子，清算时连一半都没能收回来。就在这个事件里，发现了票号的职员与东盛和勾结的丑闻。而东家和掌柜带头沉溺于吞云吐雾的鸦片烟，更是票号后来暮气沉沉的原因之一。

甚至连山西票号的鼻祖日升昌票号也在 1913 年发生了总经理弃号潜逃的事情。1913 年在挤兑风波中依然屹立不倒的日升昌票号总经理为郭斗南，副总经理为梁怀文，就资格论，梁怀文应该居正。唯梁为人公正朴实，对东家

李五典在危机中提用号款不满，因而不得东家欢心。梁无可奈何，于1913年辞号回家。梁在号中，素为大家推崇，梁去，人心为之涣散。随后北京分号经理赵邦彦，也因号事托病辞归。赵离京后，由侯垣任经理。1913年其作为具保人之一的合盛元票号倒闭，侯垣为应付债权之追逼，于1914年10月携带账簿和伙友回山西。其回山西后，将账簿交于总号，继续逃走。侯垣的逃跑，吓坏了总经理郭斗南。郭斗南为了逃避责任，弃号潜逃。政府找不到日升昌票号的经理，只能电咨山西巡按使和山西高等审判厅，转平遥县知事，将日升昌东家李五典、李五峰扣留，并派人将李家达蒲村的不动产和日升昌总号的财物看管起来。

延伸阅读

《大公报》1915年7月3日所载的《河南票商惨状述闻》，描述蔚盛长开封分号云："不料该号亦竟于六月二十号，号友先后托故外出，霎时号中无留一人，此辈伙友大都分搭东西汽车各回本籍号事置之不问。盖号中日日有人讨账。外欠收不回来，无款应付。此辈伙友日处受人逼索境遇，毫无相救，故相约一齐散伙。"

第二节 阳关故道 旧友几何

辛亥革命后，山西票号迅速走向衰亡，享誉盛名的百年老店、票号业的先驱日升昌票号在一片惋惜声中倒闭了。在山西票号纷纷歇业，趋于寿终正寝的时代里，硕果仅存的几家票号惨淡经营，努力残存于商界之中，成为山西票号最后一丝慰藉的亮光。

关键词：日升昌　大德通　票号破产

一、日升昌最后绝唱　凄凄惨惨戚戚然

1914年的一天，天津《大公报》发表了这样一条消息：由山西平遥人雷履泰创办的，经营了近百年的日升昌票号倒闭了。这条消息在当时的金融界引起了震动。

从道光三年（1823）创立日升昌开始，到民国二十一年（1932）改营钱庄止，日升昌几经变革，历尽沧桑，共计110年春秋。如今的日升昌旧址，已开辟为中国票号博物馆。人们在这里所见所闻的是一百多年前的过去。尽管日升昌小小的院落无法与现代银行的摩天大楼相比，日升昌仅有的分号也无法与当代覆盖全国的金融网点相比，但我们可以从日升昌看到当代银行的影子，领略到中华民族的智慧，感受到一种锐意改革的精神、鼓舞一个时代进步的声音。

现在的日升昌票号又称为中国票号博物馆，共设有20多个展厅，大体上分为史料展示和原貌展示两部分，从中可以看出中国民族银行业的发展轨迹。我们很有必要进一步探本溯源再来回顾一下日升昌的成败历程。

道光三年（1823），由平遥西达蒲村李大全投资白银30万两和细窑村掌柜雷履泰共同创立日升昌，从此结束了我国镖局押送现银的落后金融局面，极大地加速了商业运转和货币流通，有力地推动了社会经济的迅猛发展。道光六年（1826），李大全病故，日升昌由李大全年仅16岁的长子李箴视执东。

日升昌旧址，现为中国票号博物馆

道光九年（1829）开始，日升昌把大账结算期由 6 年改为 4 年。道光二十九年（1849），雷履泰病故，由程大培之子程清泮接任总经理。光绪八年（1882），执领日升昌票号 50 余年的李箴视病逝。光绪十八年（1892），日升昌由过继到李箴视名下的次子李五典开始执领号东，他大胆选用张兴帮担任总经理，从此，日升昌步入鼎盛阶段。宣统二年（1910），财东李五典直接参与票号管理，并调整银股结构，所有权与经营权分离的形式被彻底破坏，日升昌的危机日益加深。民国三年（1914），为祁县合盛元票号担保受累，北京分号及平遥总号均被查封。民国十一年（1922），日升昌重新复业，改称日升昌记，李财东只领照牌银 1 000 两，股东改由债权人担任。这种情况一直持续到民国二十一年（1932）。

日升昌票号从建号到发展壮大、繁荣兴旺以及衰落倒闭，经历了清道光、咸丰、同治、光绪、宣统五代皇帝和“中华民国”，长达一个多世纪，其前后

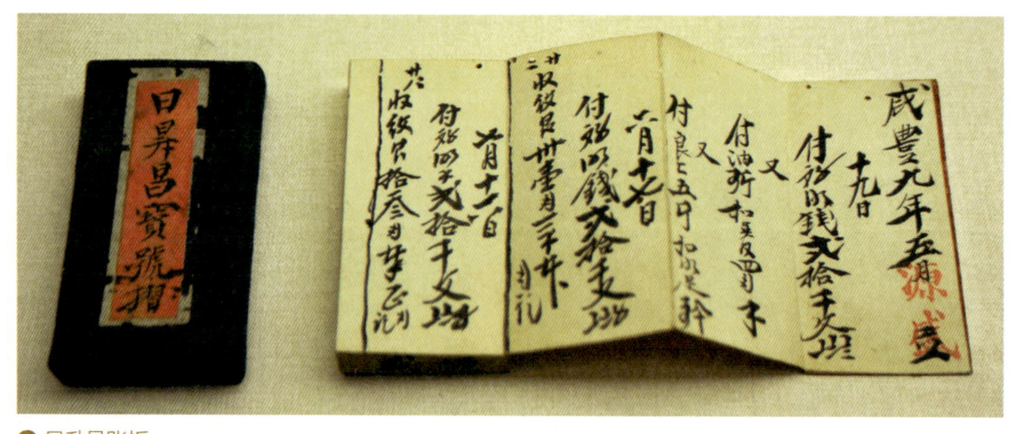

日升昌账折

发展经历了三个时期。

1. 日升昌票号从创办到咸丰年间，是一个发展时期。在这个时期，经营业务以汇兑为主，存放款则寓于汇兑过程之中。经营对象则是以工商铺户为主，主要是山西商人的汇南米帮、丝帮、盐商，还有零星的小商小贩，也有官司吏，但为数不多。

日升昌票号成立后，总经理雷履泰深入调查了晋中商人所经营的药材、茶叶、棉布、绸缎、京文杂货等进货地点，选派了些精明干练、诚实可靠的伙友，先后在汉口、天津、北京、济南、西安、开封、成都、重庆、长沙、厦门、广州、桂林、南昌、苏州、上海、扬州、镇江等地设庄，与这些城市的山西商人拉关系，招揽汇兑。此处交款，彼地取钱，手续既简便，信用又可靠。这样一来，不但山西商人开设的商号和日升昌票号交往频繁，而且外省人所开的商号以及沿海一带的米帮、丝帮、盐商等也多和日升昌票号打交道。于是，日升昌票号业务蒸蒸日上，同它交往的人涉及各行各业，真是门庭若市，一派兴旺景象。特别是咸丰年间，我国商业发展很快，日升昌票号的业务量也很大，据日升昌清江浦、苏州、江西等 4 家分号 1852 年、1853 年、1856 年的汇兑收交统计，收汇款达 693 967 两，交汇款数达 678 528 两。

2. 据 1906 年，对日升昌票号 14 个分号的汇兑统计，收汇款高达 1 633 660 两，交汇款达 15 891 544 两，日升昌票号的汇兑额扩大了，基础规模也扩大了。一纸汇票一到，10 万、100 万的现银立即到手。于是信用显赫，远

"急公好义"牌匾

近闻名。光绪二十六年（1900），八国联军侵略中国，慈禧太后和光绪皇帝由京逃陕，路经山西平遥，日升昌票号是主要筹款票号之一。为此，山西巡抚岑春煊给日升昌送了一块"急公好义"的牌匾。

另外，洋务运动中，日升昌票号与近代工业企业挂钩，为近代工业发展乃至推动社会进步也做了一些有益的事情。

3. 辛亥革命之后是日升昌票号的衰落时期。同时由于受资本主义金融势力入侵，国内银行的建立以及清政府垮台和两次革命的影响，日升昌票号设在南方的网点（日升昌票号的网点主要设在南方）遭到致命的打击。这样一来，兴隆显赫的日升昌票号便一蹶不振，财东李玉峰被迫躲到大女儿家。最后，由梁怀文组织了日升昌的一些干练伙友，到各分庄清理债务付给债主，到 1922 年，零星债务已清理得差不多了，搁浅数年的日升昌票号易主改组，仍用日升昌名义开设钱庄。

年近古稀的李宏龄，听到日升昌票号倒闭的消息后，禁不住悲从中来。他把几年前倡导票号改组银行的往来信件翻检出来，编为二册，一曰《同舟忠告》，一曰《山西票号成败记》。回忆往事，思绪万千，感慨良久，仰天长叹："呜呼，盛衰之理，虽曰天命，岂非人事哉！"耿耿之情，难以自已。

《大公报》上曾有人撰专文分析其倒闭之原因，兹节录其文于下："日升昌至道光年间改为汇兑业，其东家李姓，山西平遥人。同治、光绪年间，其营业之发达，实为同行之冠，各省设立分号二十四处，其殷实可知。以如此殷实之票号，忽然一败涂地，其倒闭原因有以下数端：一、日升昌营业之中心点，在南不在北，南省码头最多，两次革命均受很大影响，此其一也。二、日升昌之款项，未革命之先均分配在南省。自革命后各省纸币充斥，现金缺乏，由南省调回现金，往返折扣，每百两亏至三十五两及五六十两。此种亏耗实足令人惊异，此又一也。三、日升昌当革命时，欠外数目约五百万，欠内之数七八百万，出入相抵，有盈无绌。然欠内之数目，成本已付诸东流，遑论利息。欠外之款项，该号为支持门面，维持信用起见，三年之中均未停利，此项亏耗又其一也。以上三项，均该号中亏折之远因。所以关闭如此之速者，尚有种种之近因。第一种之大原因为广西之官款。广西官府催迫甚急，动辄率兵威胁，计一年之中提取十余万两，犹日日前往催取。第二，该号之正经理为郭斗南，副经理为梁怀文，就资格论梁应居正。唯梁为人公正朴实，自革命后对于东家提用款项极力阻止，因此不能得东家之欢心，梁无可奈何遂于去岁出号。梁在号中素为大家所推崇，梁去后人心为之瓦解。第三，京号经理因号事吃紧，托病回晋，一去不归。有此三种近因，日升昌遂乃一败涂地。”

历史忠实地记述了日升昌票号的创办发展、繁荣兴旺以及衰落的全过程。百年风雨，业绩辉煌。日升昌票号的创立，带来了中国近代史上票号业的发展，结束了现银镖运局面，开辟了金融业发展的新纪元。它为加快资金周转，促

日升昌票号流水账

进近代商业贸易繁荣和近代工业兴起，以及方便政府和人民生活起了积极的作用，推动了社会的进步，在中国乃至世界金融史上写下光辉的一页。同时，也为后人留下值得借鉴的宝贵经验。

二、一枝独秀大德通 阳关大道无故人

山西票号在商界叱咤风云近一个世纪，却在辛酉政变后一蹶不振，相继倒闭和搁浅，整个山西商人集团也结束了它在中国历史上的霸主地位。在回顾山西票号走过的风雨坎坷过程中，我们会注意到，在票号处于危机的情况下，有二家票号仍然给山西商人留有一线起死回生的希望。这三家票号分别是大德通、大德恒和三晋源票号，它们在商界残存的时间最久。当然，这些票号之所以能够生存，自然有各自的独到之处。其中，大德通票号以其登高望远、独树一帜的风格为其他票号所称道。这样，少不了大家对它产生诸多好奇，到底是什么举措使它能够在风雨飘摇中独树一帜呢？

先让我们看看大德通的发展史吧。大德通票号的前身是大德兴茶庄，这个茶庄在咸丰年间开始兼营汇兑，同治初年才开始专营汇兑业务，直到光绪十年（1884），正式改名为大德通票号，票号原资本为 10 万两，其资本由乔家众兄弟共同入股组成。

◆大德通票号牌匾

作为文化身份的标志，它向人民传达的是商业的价值，负载着厚重的民族商业思想，折射出传统的文化色彩。

在中堂

后来大德通票号在民国十八年（1929）时改组，成为在中堂独资，资本为大洋50万元。其实，在票号改组时，由于保和堂、德星堂等在东北开设的钱庄大德隆经营不力亏赔甚巨，因此，在中堂以利润为大德隆弥补了亏空，保和堂、德星堂遂以其在大德通的股份顶还了所欠在中堂的债务。为此，大德通就变为在中堂独资的金融企业。起初，大德通总号在祁县城内小东街，1937年七七事变后，才迁往北京。总号设有总经理、协理，下有坐柜一人，会计、文牍、外勤各三四人，另有学徒二三十人。该号先后在北京、天津、张家口、石家庄、沈阳、营口、呼和浩特、包头、济南、周村、周家口、正阳关、三原、上海、汉口、沙市、开封、常德、重庆、苏州等地设有分号。各分号工作人员不多，一般为六七人，到20世纪30年代改为银号后，分号人数才增至二三十人。总经理高钰，祁县子洪人；协理高章甫，祁县西六支村人。最初资本6万两，中期增至12万两，最后增至35万两。

人人都有体会，每件事情的成功与否在一定程度上取决于当事人所获得的机遇，但我们要强调的是，这机遇又怎么会主动降临在你眼前呢？哪怕是

高钰执掌大德通

在大德通票号供职50余年并充任总经理25年的高钰，16岁进号学徒，由于他聪颖好学，能言善断，处事稳健，东家先后委以分号经理、总经理等要职。大德通在其苦心经营下，兴利除弊，整顿号事，业务蒸蒸日上。20世纪初期，大德通已成为最负盛名的晋商票号。

机遇摆在你面前，你有能力真正把握它吗？大德通的总经理高钰就是一位为票号创造机遇并能准确把握机遇的优秀管理者。此人审时度势，依靠自己的能力使大德通在乱世中从容走过了道道难关，为其日后的漫漫路程奠定了坚实的基础。由于家道中落，高钰很小就弃儒从商，在大德通票号服务了50余年，其中，当经理约25年。1869年，16岁的高钰入号学徒，凭着聪颖好学、能言善断、处事稳健的才华，从众多伙友中脱颖而出。东家对这块璞玉几经品评“雕琢”，先后委以分号经理、总经理等要职，使其大放光泽。乔家也因此而“蓬荜生辉”。大德通在高钰的掌管和苦心经营下，兴利除弊、整顿号事。他和东家磋商规定：票号的工作人员，除总号执事由财东委派外，其余人等由各方推荐以便招揽贤才。无论是达官显贵，还是殷实富户推荐之人，都必须经过三年学徒培训，方可正式录用；各分号的经理责、权、利集于一身，有权聘用或解雇号内员工，总号从不干预。但分号机构必须精炼，少则三四人，多不过七八人；职工之间必须分工明确，各干其事，各负其责，相互协作；

定期汇报工作情况，听任经理统一调配；总号经理根据各地所得商情分析研究、统筹规划，以便开展业务。

票号以经营存放款和异地汇兑为业，各分号均无固定资本，来往调度资金以“酌盈济虚，抽疲转快”为原则，盈余由总号集中清算。因此，筹划运用资金妥当与否就决定于经理的经验和才智的优劣。才智优良，交友宽广者，无论银势松紧皆可筹措自如，否则，一遇银势较紧张就张皇失措，将会使票号信誉或业务遭受一定损失，因而经理人选异常重要。大德通票号在精明干练的高钰任职期间，虽历经甲午狂飙、庚子风云，国内经济起伏跌宕的洗礼，仍能运筹自如，浪里泛舟，闯滩过险，几渡难关，不仅未受挫折，反而独见“娆俏”。所以乔家的富裕昌隆不仅凭依其雄厚资本，同时也得益于任人唯贤、选贤用能的用人之道。后来乔家运用顶身股制度增强所属字号的内部凝聚力堪称其经营管理方法上的一绝，仅此一味兴奋剂就使各号职工尽心竭力，忠心不二。

当我国处于半封建半殖民地的水深火热之中时，帝国主义的压迫使民族资本的发展受到阻碍和破坏，可乔财东却在夹缝中利用自身商业和金融业的发展另辟蹊径，摸索出一条既相似又有别于资本主义扩大再生产形式的“绝活儿”。乔家把每年所得利润积累起来作为“统事”（俗称“厚成”，即追加借贷资本）再投入到原生意里，在生产利润的流水线上“滚银球”。往往一个“统事”与原有资本相差无几，甚至大于原有资本。“统事”赚回的利润完全归乔财东独家占有，不存在掌柜按股分红的问题，至于其他人等则更不得染指。如此一滚二转，“鸡生蛋，蛋孵鸡”，确实为乔家带来数不清的额外收入。仅大德通票号的资本最高时曾达 200 万两白银。在中堂其他生意的资本也远远高于开业资本。曾有人推论在中堂鼎盛时期所积聚的流动资本总额高达 700 万—1 000 万两白银，用百万富翁来形容乔财东的富有已是名实不副。

乔家在商业和金融业的经营活动中总是本着以信誉扩大影响、

以信誉立足商界、以信誉求得盈利的指导思想，脚踏实地，绝不做取巧渔利的一锤子买卖，更不做玷污字号招牌的勾当，即使赔本也遵从“和、笃、守”这一信条。因此乔东家和掌柜们坚决杜绝所属字号存在投机取巧、坑害顾客的行为。如有违反号规者，一经发现，严惩不贷。

乔家之所以如此，并非沽名钓誉，宁亏不伪是其多年经商的独特经营作风。1930年蒋、阎、冯中原大战结束后，晋钞大幅度贬值，25元才能兑换1元新币。这对在晋拥有大批储户而放款却在外省的乔家大德通票号来说，无疑是一个面临利与害必须及时作出选择的严峻时刻。是趁机以晋钞支付客户，利用贬值发一大笔财，还是动用历年公积金为提款的存户保本呢？为了维护大德通在广大客户中的信誉，乔东家果断选择了后者。时为大德通东家的乔映霞说：“即使是大德通为此倒闭，这样大的一个财团也不至于让自己人陷落到衣食无着的地步，但对于一个个储户来说，如果我们不这样做，对他们的威胁将会是身家性命。两者相比，孰轻孰重，不言自明。”据说乔映霞讲这番话时神情凝重、大义凛然！虽然大德通在这次金融风潮中贴了本儿，造成30万的亏空，但赢得省内客户的信赖，备受赞誉。一旦风潮过去，到大德通存款者趋之若鹜，络绎不绝。骤散之财失而复聚，利润随之节节递增。信誉使大德通在经营中吃了小亏，却占了大便宜，其中的辩证关系迄今仍令人不时回味其“神韵”。

乔映霞

乔映霞（1875—1956），乔致庸长孙，为乔致庸亲自挑选出来的接班人。乔映霞继承了祖父性格中桀骜不驯、不拘礼俗等特性，且思想激进，锐意改革，倡导新式教育。民国初年执掌大德通票号。1913年出任祁县第三区区长。其竭力禁种鸦片，因强行铲除烟苗，与农民发生争执，而酿成人命案。1917年远走避祸于天津。他生不逢时，连年战乱，使其只能苦撑产业，满腹雄才得不到展示。1921年因续弦之妻的背离而精神失常，往后在天津、北京、山西三处往返休养，1956年病逝于北京，终年82岁。

乔家“以义为利”牌匾

复盛全一拜免债务

乔家不做见利忘义、舍义取利之事为世人仰慕，世人争相与之交谊。但乔家各字号处“相与”却非常慎重。只有经过仔细观察品验、接触了解之后才长期共事，否则绝不轻易往来。在共处过程中，无论遇事于对方有利无利都示人以宽厚仁义，不为一时一事的名利而伤害朋友交情。1922年，包头一家商号生意搁浅，该商号的财东杨某欠乔家复盛全字号6万两白银拖延已久无力偿还。若乔家诉诸官府，必致使其破产倒闭。但复盛全并无催逼还债之意。乔东家认为：买卖家银钱往来不是国粮皇课，动不动就与人打官司，必坏了

乔家大院

自家“门市”，对以后其他业务往来不利。与其打官司把钱往衙门里送，莫若花钱买个厚道，加深友情，交个挚友。于是派人请来赔累不堪、百般无奈的杨某，让他给自己磕了一个头便算了事，6万两白银的欠款一笔勾销。

守信誉、重友情、不为己、堪忍让，不计较一时一事得失的事情在乔家各字号并非罕见。这也是其得以在商界立足的一贯作风。

20世纪初，外商在华大量收购驼绒皮毛，包头行市走俏。许多商号鬼使神差，涌向浪峰囤购皮毛。孰料风头一过都结结实实坠入谷底。原来，以奥国皇太子斐迪南在塞尔维亚被刺为导火索，爆发了第一次世界大战，战火蔓延到欧洲各国。帝国主义忙于战争并相互进行封锁禁运，国际贸易几乎中断，外商营业日趋萎缩，包头皮毛山积，无人问津。驼绒市价由每斤一二元下跌到一角多。那些弄潮儿们掉头不及，亏赔不堪，并引起其他行业的连锁反应。值此危难之际，乔家力挽颓势，主动联络殷实商号积资筹设公义泰字号收购毛皮。这无异于给摇摇欲坠的皮毛行业注射了一针强心剂而使其继续维持营业，但公义泰自己却因所收购皮毛运津出售也受“冷落”，备受损失。乔家这种代人受过的义举令世人佩服，至今仍为人们津津乐道。

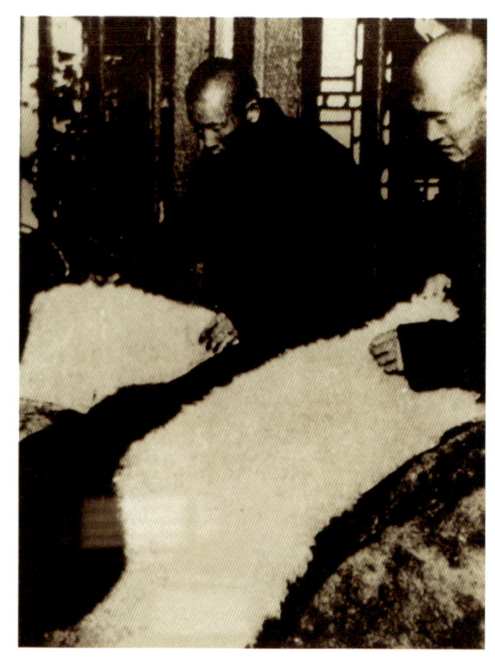
皮货铺

乔财东认为：水能载舟，亦能覆舟。商界弄潮险象丛生、赔赚无常。遇到亏赔过巨、资金周转不灵、不能按期偿还债亦是商界常有之事。其他小号并无威慑之力，无力与资强底后的乔家字号对峙抗衡，只能仰己鼻息，恰似众星拱月一般。倘若任其破产倒闭，难保不祸及池鱼、唇亡齿寒。况且任何买卖倒闭时，债权人无不为之受累，哪有不亏之理。与其被动的三折五扣，落不了几个钱，不如听之任之，由其自便，自己得一个乐善好施的仁义美名。因此，乔家每遇倒账之事，均采取适可而止的态度。债务人怎样还，乔家就怎样收，一向不计较争论。

大顺公绒毛店欠乔家的复盛公大洋 1 000 元，仅还了一把斧头、一个箩筐。广义恒绒毛店借复盛西 5 万元，仅以数千元房产抵偿就算了结。这就难怪当时一些人嘲笑乔家“冒傻气”。其实乔家大智若愚，形似糊涂实则灵慧。那些得到乔家恩惠的欠债者情况一有好转，便争相偿还债款，以维护自己做人的声誉。其他字号、小商小贩及市井庶民也都愿意与乔家往来生意，光顾其字号。乔家则来者不拒，迎来送往，广交天下友，笑纳八方财。如此这般，乔家焉有不发达之理。

乔家卓越的信誉为乔家的字号在商界带来良好的口碑，而乔家字号所以能一枝独秀，与乔家对形势冷静、理性的把握也是密不可分的。

当年，庚子之变发生前，高钰便以邪教必会带来祸患为由，事先筹划，提前将各分号的多数款项调回，当时很多人怀疑他这种做法，然而，这些调款在日后还真发挥了它们非同一般的作用。1900年，八国联军攻占北京，北京城中许多王公贵戚、豪门望族都随慈禧、光绪逃往西安。慈禧和光绪逃到太原后不久，时任大德通票号总经理的高钰就收到内阁学士桂春的一封信，信中说："日前握别，想旋裹迪吉为祝，銮舆定于初八（1900年10月8日）启程，路至祁县，特此奉闻，即候内安，拟到时趋叩不尽。"得知此消息后，大德通迅速作出了反应。他们将提前调回的款项用于两宫西逃所需，另外，依靠朝中代言人的推荐，把两宫西行途经山西的行宫也设在大德通。从此以后，"大德通"三个字在华夏大地上可谓如雷贯耳，其声誉日隆。随着票号的繁荣发展，规模达到了极点，仅大德通一家的资本就有七八百万两之多。这样的成就自然会给晋商无比的欢悦与满足，在享受成功与欢快的同时，晋商各家族内部也滋长着一股奢靡之风。然而，在大德通里，这种风气却得以有力遏制。总经理高钰以身作则，不为歪风所移，始终保持着一身清正的优秀品质。他拜托众多

三多堂金火车头钟

慈禧太后赠送曹家的洋货——金火车头钟

名师教育青年伙友，培养他们做人的基本修养和素质，至于办理各项具体事务，更是严明果断，以一身浩然正气赢得别人的信赖。若伙友违反号规或不遵守条例，高钰必定会详审裁决，一秉至公，俨若一家。因此，整个大德通从上至下都严格恪守着自己的信条，从不越轨，仍然保持着创业时的那份清醒与严谨。

清末，大德通感到风雨欲来，时势会发生巨大改变，遂迅速转换了经营战略，毅然作出决定，采取稳健的经营方法。他们力还外贷，收敛自己的业务。这似乎有悖于商人获取利益的常规，许多业内人士都嘲笑大德通在做一件非常荒谬的事情。然而，辛亥革命爆发，各票号毫无准备，纷纷失败，相继倒闭，唯有大德通等三家票号可以泰然处之。这完全得力于大德通防患于未然、布置得体的能力。当初嘲笑他们的人也只能躲在自己家门背后默默拭去那懊悔的眼泪，羡慕地眺望大德通的生意不断。

但是，就大德通票号自身来说，汇兑业务后来多被兴起的官商银行、银号夺走，公私存款也是微乎其微，以汇兑为主的票号已经名存实亡。辛亥革命推翻了清朝政府统治后，大德通票号已不能适应形势的变化，业务每况愈下，勉力维持。既而民国政府冻结白银，改革币制，汇兑业务都被官办银行夺走，商办票号已难以吸收存款，遂于 20 世纪 30 年代改组为银号，又改为钱庄，惨淡经营到 1949 年。

第三节 成败面前 后世之鉴

回望中国历史，100 多年前，幸运之星无时不在晋商头上闪烁，他们凭着天时、地利，迅速爬上了财富的神话巅峰；殊不知，很少有人像晋商那样，一而再、再而三地拒绝天赐良机，以狂热的执着去抱残守缺，以天才的精明来糊涂犯傻。

一个世纪之后，当年富商巨贾云集的祁（县）、太（谷）、平（遥）三县，留下了一座座小金库，供后人参观凭吊。可是，山西票号的神话，留下的不应只是这一堆堆华丽的废墟。我们许多人还在继续编造、装饰这个泡沫般的商业神话，在小说和电视的幻象中，圆一个“祖上曾经阔过”的大梦；或许，去寻找晋商兴衰成败的历史真相，细究其内在原因，以史为鉴，勉励后人，更有现实意义。

关键词：票号衰落　原因分析　历史地位

一、七嘴八舌话衰败　天南地北思我辈

晋商称雄商界 500 年，山西票号“汇通天下”，如此根深蒂固的老树，居然在清末民初迅速破落，晋商也几乎成了历史名词。正如在人类历史上曾经有过许多显赫一时的王朝，有些却突然地消失了，如印加帝国、玛雅文明等，给后人留下许多谜团。究竟发生了什么事情使得晋商一蹶不振，追究晋商的没落也许比探讨其崛起更有意义。中国经济改革已经高速增长了 30 多年，如此长期的高速增长在人类历史上是不常见的。有些人产生了骄傲情绪，自以为天佑中华，今后必定还会一帆风顺。当年晋商何曾不是这样坚定地相信，有着 500 年光荣历史的晋商，必将继续发财兴旺。可是，曾几何时，晋商居然垮得一塌糊涂，直到今天还没有恢复元气。

言来成败皆萧何

曾经主宰中国金融的山西票号，给我们留下了不尽的思考。在日升昌平遥总号旧址上建立的中国票号博物馆里，我们还能领略到它那往昔的风光。然而这座随明王朝兴起而兴起，随清王朝灭亡而灭亡的商业帝国，在给后人编织了一个商业神话的同时，也给后人留下了诸多思考的空间。由于晋商与

晋商闯天下的“伙伴”之一——算盘

晋商以算盘为武器闯荡市场开拓财路。多少年来晋商用这小小算盘打出五湖四海欧亚大陆之市场，算尽天南地北天涯海角之财源。

封建王朝的紧密关系，成也萧何、败也萧何的说法，逐渐占据晋商衰败因素的主流。

明清晋商曾经成为封建统治阶级的附庸。明初晋商借明朝统治者为北方边镇筹集军饷而崛起，入清后又充当皇商而获得商业特权，清时又因为清政府代垫和汇兑军协饷等而执金融界牛耳。一言以蔽之，明清山西商人始终靠结托封建政府，为封建政府服务而兴盛。但当封建政府走向衰亡时，山西商人也必然祸及自身。如志诚信票号，庚子事变后，曾将资本运往南省放贷，但辛亥革命中运往南省资金大多散失。而清廷提银刻不容缓，结果账面上有应收银 400 万两，有应付银 200 万两，但实际上已无法周转，被迫倒闭。民国初年，债权人大多在山西太谷、平遥、祁县坐索欠款，财东因票号损失惨重，已无力偿还，只能卖房卖地，甚至逃匿他乡，有的还沦为乞丐。

覆巢之下岂有完卵

有人把晋商的衰落归咎于清末的国势衰微，政府腐败，官府苛捐杂税，横征暴敛。有人则认为是因政局动荡，战乱连绵，才致使晋商在战乱中损失惨重。更有甚者说，当鸦片战争失败之后，清政府不得不开放口岸，当外国

花旗银行旧址

清末战乱

廉价工业品涌入之后，晋商丧失了市场，他们实际上败在西方工业革命的先进技术手下。这些话都有其道理所在，覆巢之下岂有完卵？可是，同样是在动荡的岁月，为何江浙财团和广东财团能够在动乱中兴起？为何金融中心从山西转移到上海去了？在 20 世纪 30 年代，上海取得了亚洲金融中心的地位，而晋商票号却被人们所淡忘，成为历史遗迹。

故步自封

晋商兴旺在于敢于创新，晋商衰败在于守旧。时代变迁，斗转星移，适者生存，逆者淘汰。随着世界商业的进一步扩展与繁荣，在外资银行、国有商业银行和民营银行的夹击之下，山西票号面临严重挑战，显然，传统票号已经不能适应金融市场多元化竞争的局面。一家票号往往有一个或几个东家，山西票号多达 30 多家，各自为政，难以做大、做强；而银行采用股份制，广泛吸收资本，因此银行的机制更能适应市场变化。票号一般都是家族企业，盛不过三世，富家子弟吃喝玩乐、败家无能者较多；银行采用股份制，监督力量较强，自我更新的机制比较完善。票号利润的主要源泉——汇兑业务在现代银行的竞争之下，迅速萎缩，丧失了生存空间，在 1906 年山西票号汇兑金额 2 250 万两，到了 1911 年跌落到只有 530 万两。

商人、店铺和马车

在激烈的金融市场竞争中不进则退，如果不能迅速改变旧有的传统，吸收新知识，在金融体制上推陈出新，那么就很难站住脚。历史似乎给山西票号开了一个玩笑，在金融改革大潮到来之际，具有决定性权威的总经理毛鸿翙认为山西票号在金融界的地位固若金汤，主张以不变应万变，没有必要组建新的银行，结果山西票号一连丢失了三次机遇。

山西票号的决策人物躲在安乐窝中，毫无危机意识，墨守成规，对外界形势变化缺乏了解。1911 年辛亥革命一声霹雳，推翻了清王朝，山西票号晕头转向，毫无准备，放出去的贷款不能收回，蒙受了巨大损失。在拖延了三年之后，山西票号栽了个大跟斗。在挫折的教训之下，原来坚决反对组建银行的毛鸿翙终于醒悟过来，赶紧着手申办银行。当时北洋政府的国务总理熊希龄对山西票号颇有好感，同意由政府出面担保，向外资银行借款作为开办银行资金，将山西票号整合组建银行，可惜，为时已晚。由于熊希龄被罢官，紧跟着第一次世界大战爆发，国外贷款一事顿成泡影，山西票号失去了赶上潮流的机遇。对外借款失败，联合改组山西票号的计划搁浅，形势越来越不利，山西票号决定单独组建一个规模比较小的银行。可是，时机已经错过，平遥帮单独办银行的计划最终也落空了。

商场就是战场，机遇只属于那些提前作好准备的人，假若错过了改革的最佳时机，就是明白过来，也无力回天了。外资银行、国有银行和民营银行在沪宁、汉口等地纷纷崛起，逼得山西票号山穷水尽，走投无路，最后，终于稀里哗啦、接二连三破产倒闭，到了 1921 年平遥票号多数无奈关门。原来富可敌国的财东，有的甚至流落街头，沦为乞丐。

平遥城不大，全部转一圈也用不了多少时间，可是平遥票号的故事却引人深思。票号的员工艰苦奋斗、诚信忠厚、俭约自律、克勤克俭的作风变了吗？没有。他们的股权制度安排变了吗？也没有。他们一丝不苟的管理制度变了吗？更没有。

平遥票号的这些制度安排在道光年间是创新，人无我有，因此所向无敌。在那个时候平遥票号是威风凛凛的活老虎，真老虎。可是到了鸦片战争之后，外部环境发生了翻天覆地的变化，这些制度必须跟上时代。由于故步自封，因循守旧，票号的制度安排落后于形势，终于变成了不堪一击的纸老虎。如果票号的掌舵人能够与时俱进，抓住历史机遇，顺应时代变迁，将票号改组为银行，不至于在外来的竞争面前如此软弱无力，短短几年工夫就分崩离析，一败涂地。竞争力往往来源于不断的制度创新。创业难，守业更难，难就难在要保持清醒的头脑，赶上时代的潮流，主动求变，不断创新。事实证明，越是好企业，惯性越大；越是业绩辉煌，越容易躺在功劳簿上自鸣得意。

在太平天国运动被镇压之后，清朝的政治经济一度出现“中兴”的局面，大批民族资本主义得到发展，洋务运动也带来大量商机，然而，在对这些企业的股权投资中，山西票号的参与却很少，与其当时掌握的庞大资金极不相称。经济史专家张国辉就曾遗憾地称，“回顾 19 世纪六七十年代，当中国近代企业处在发动时期，人们始终不曾发现票号与近代企业之间有什么金融联系的事例”。而后来对近代民族企业支持较大的，却是当时势力较弱的“南帮”。当时的南帮票号，比如严信厚的源丰润、胡雪岩的阜康、王炽的天顺祥等，都对实业有大量的投资。云南的天顺祥票号经理王炽，就受巡抚唐炯的委托，为云南铜矿承担招股业务，“分赴川、广、汉口、宁波、上海等地招股”，这已经初具华尔街投资银行的雏形了。

在美国的投资银行中，绝大多数银行家如摩根、高盛等，都凭着为工商业融资而发家。翻开每家投资银行的历史，都可以看到他们扶持起来的赫赫有名的大公司、企业家。然而，在山西票号的历史上，很难找到他们对民族资本的支持。尽管他们也为了博取利差，进行“北存南放”，但对工商业的作用太小了，而南帮票号资本家对于近代工业发展则远胜于西帮（山西）票号资本家。

自身体制的缺陷

山西票号终究还是衰落了，其中的原因很多，有太平天国的影响，有第二次鸦片战争的打击，有甲午战争的摧残，有外国银行的排挤，也有自身内部的竞争。然而，很重要的一点，甚至是最根本的一点在于，山西票号的制度中，有其不可克服的局限性，以至于不能适应此后社会的发展。这种局限性可归纳为以下几个方面：

首先，山西票号一般均采用无限责任制，这是其衰败的主要原因之一。实行无限责任制，就意味着资本家以其全部的家产作为票号债务的担保。一

《大德通票号放款调查表》

商号名称：	调查人：
行　业：	地　址：
资　本：（动产：	不动产：　　　）
有无其他商业：	
经营业务：	营业盈亏：
财东姓名：	经　理：

大德通票号放款调查表

旦出现资不抵债的情况，资本家极可能一贫如洗，永世不得翻身，这使得其抗风险能力十分薄弱。而且，它实行联号制，与其他的产业有密切联系，更增加了导致其经营风险外部因素的多样化与复杂化。票号一旦破产,涉及面极广,会影响许多其他股东和工商业实体。

其次，经理负责制这种充分发挥经理才能的制度，本身受中国传统封建性的影响，带有家族血缘家长制的特点，这在很大程度上会牺牲其他员工的利益，使得其他员工只能靠“顶身股”的物质利益为动力，而得不到道德驱动力。这样，就为其以后的贪图享受埋下了伏笔。

第三，山西票号虽然做到了所有权与经营权的分离，但却没有形成更为科学合理的票号内部权力均衡机制。在总经理负责制的家长制特色下，总经理会拥有威胁到票号前途，从而威胁到股东利益的权力，但股东则只能依靠解聘作为惩罚手段，这种二元的权力制约机制很难达到一种合理的均衡。在以后的发展中，由于封建制的影响，没有能够进一步向三元制极力制衡结构发展，也正是其制度的失败性所在。

第四，各个票号各自为政，难以联合起来组成具有较强抗风险能力的大金融集团，而且资本量小，所以竞争力就很弱，无法与后起的银行抗衡。各票号由于顾及自身的利益，只把其他票号作为竞争对手对待，很难产生一种向心力。同时，由于单个的票号资本小，业务量小,在采用无限责任制的情况下,很容易出现经营危险。所以，加上清末这个战乱纷争的时期,其迅速倒闭就成了不可避免的事情。

另外，山西票号总部偏居一隅，信息占有量少，反应迟缓，也是它的弊端之一。它与封建官僚集团千丝万缕的联系，使得其受政局影响也很大。这一切就成为山西票号自身不可克服的缺陷。到清末，时局发生大变动，而旧式票号却依然只看到票号表面的繁荣，没有能主动地顺应社会变革，对近代沿海银行管理体制没有进行积极借鉴，也没有以求自存而进行自我革新。票号在清朝末期曾经错过了三次机遇。这样，山西票号终因守旧的组织形式和经营方式而为时代所淘汰。

传统文化的束缚

“以末致富，以本守之”的传统观念，束缚了晋商的发展。晋商资本流向土地，在明代已屡见不鲜。入清后，晋商购置土地者很普遍。有民谣称：“山西人大褥套，发财还家盖房置地养老少。”此谓“大褥套”是指形同褥子的布套，也可搭在牲口背上供人骑坐。这句民谣反映了晋商外出经商致富后还家盖房置地养老少的传统观念，在这一传统观念支配下，其商业资本是不利于向近代资本发展的。近代企业的投资见效周期过长。20世纪初，晋商中一些有识之士投资民族资本近代工业，但由于当时保矿运动的影响，其资本主要投入了煤矿业，而不是投资少、周转快、利润高的棉纺、面粉、卷烟等轻纺工业，致使资金大量积压，陷入困境。

上述之原因确实值得我们去深思，但究其根源，传统文化中的封闭与保守导致晋商故步自封；晋商富商子孙的腐化与堕落使许多人有机可乘；拒绝把票号变为银行，失去了三次机会；向产业资本的转变起步较晚，难以成功。

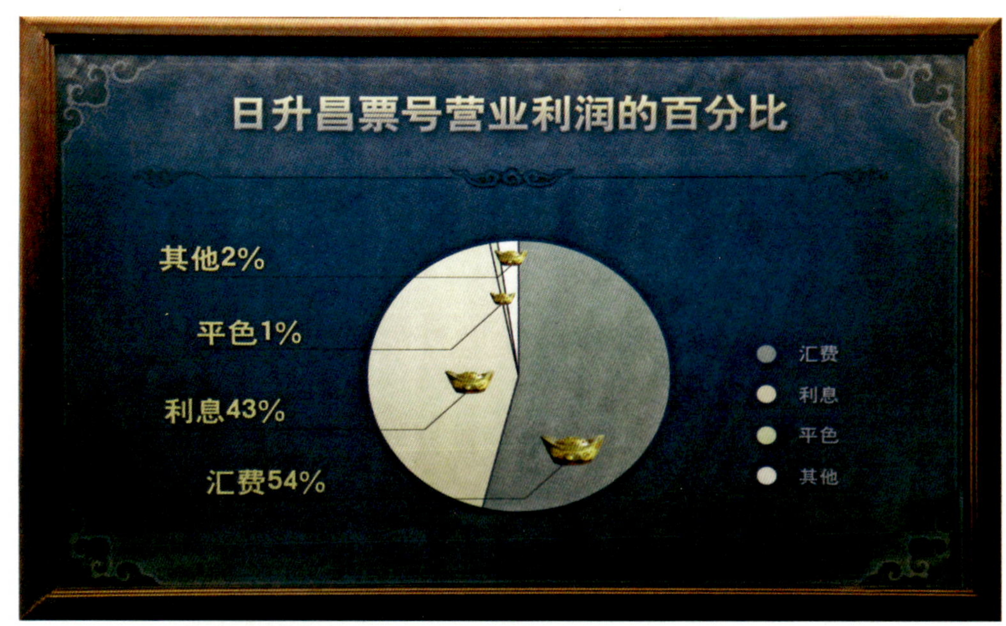

日升昌票号营业利润的百分比

晋商失败的原因终究还在于自身（同为封建社会商帮的粤商、宁波商和洞庭商都实现了转型）：以人治为中心的管理制度，当企业面临危机时暴露缺陷；以义为基础的诚信缺乏制度保证。晋商不能与时俱进，从商业资本转化为产业资本，从票号转变为现代银行。因此，晋商的衰败虽有外部环境的因素，但主要还是自身没有及时实现转型，并最终走向没落。

伴随着商品经济的发展和帝国主义对中国权利侵夺的加剧，中国经济近代化展开了。具体到银行业领域，那就是近代华资银行的诞生，拉开了银行业近代化的序幕。曾经“汇通天下”“执金融界之牛耳”的山西票号已不能满足商品经济发展的要求，开始落伍了，尽管它在太平天国后迅速发展，并到义和团运动后达到其发展的顶峰，但也把自己命运同行将作古的清政府连到了一起，外国银行和新式华资银行的强力竞争使它损失惨重，而自身在组织制度上的缺陷、经营管理方面的弊端等，则使其无法适应恶劣的环境。在内外因素的共同作用下，山西票号逐渐在银行业近代化中衰亡了，成为我国近代银行业发展的悲剧。

二、先河鼻祖开汇兑 历史地位铭记心

第一个吃螃蟹的人

中国的异地汇兑，始于唐朝，当时主要由于铜料的缺乏，造币的手续又迟滞，社会上的货币感到不足，并常有禁止钱币出境的事情，因而产生了汇兑的方法。商民交款于政府，取得证券，到目的地就可以兑现，当时称为“飞钱”。此种制度，实为政府办理汇兑。至宋初，又有“便换”的出现，此亦为政府为人民办理汇兑之法。“飞钱”和“便换”都不是商品经济发展的产物，且官府办理汇兑，带有很大的局限性，所以“飞钱”和“便换”存在的时间都不长。到明清之际，又产生了为商民服务的汇票，它虽突破了官府汇兑的范围，在商人之中进行，但此时的汇票只限于地方和乡里的圈子之内，还没有被社会广泛使用。

山西票号的产生，使中国历史上第一次产生了专门从事异地汇兑的民间金

融机构，开拓了中国汇兑事业的新纪元。它雄厚的资本、良好的信誉、完善的组织机构、严密的经营管理制度是以往的汇兑方式无法比拟的。它的出现，使我国的货币清算制度发生了深刻的变化，即从运送现银为主的结算方式逐渐过渡到以汇兑为主的结算方式，这有利于生产力的发展，有利于节约社会劳动，也标志着我国金融汇兑制度的创立和成熟。山西票号成立后不久，就得到社会的认同，票号汇兑业务在全国范围内广泛开展起来。据徐珂《清稗类钞》记载："票号以汇款及放债为业者，其始多为山西人为之，分号遍全国，当未设银行时，全持此汇兑。"山西票号的汇兑方式主要有票汇、信汇和电汇。其中票汇是最常用的一种方式；信汇汇费较为便宜；电汇是在光绪年间邮电事业取得发展的情况下开办的，票号使用不多。这三种汇兑结算方式在现代银行业务中也是普遍存在的。

山西票号异地汇兑业务的开展，化解了商品流通中由于运现方式的落后而造成的资金供给能力与社会需求之间的矛盾，解决了交易双方因彼此信用度不够而使交易受阻的问题，降低了因商品交易频繁而上升的融资费用，促进了商业活动的顺利开展。而且，我国的汇兑制度，即票汇、信汇和电汇，经由票号的继承和开创而发展起来，为以后其他金融机构从事汇兑业务积累了丰富的经验。

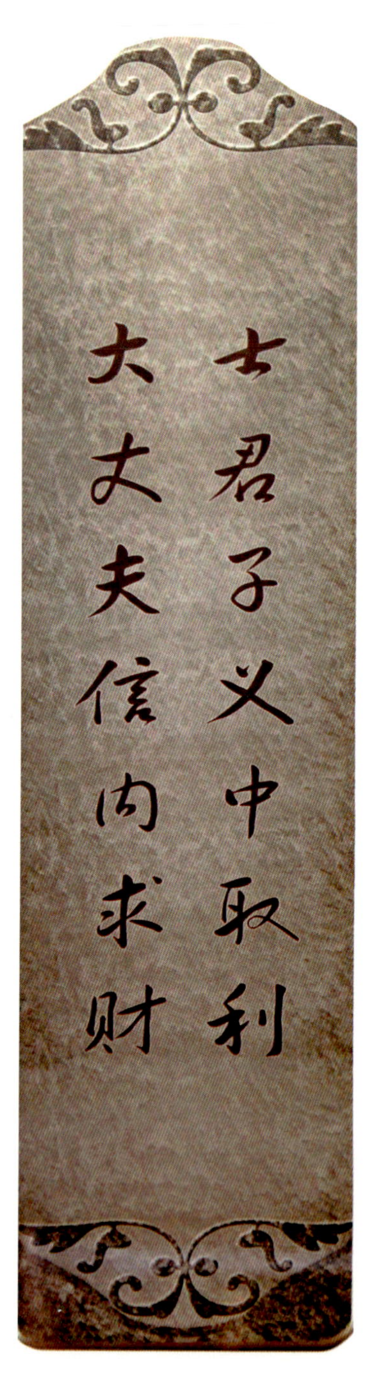

中国近代银行的"祖师爷"

山西票号奠定了创建近代银行的基础，把

汇兑、存款、放款三大业务有机地结合起来，从而开创了中国民间金融机构集存放汇于一身的新纪元，这为近代银行业务提供了良好的基础。在近代金融史上，存放款在旧式金融机构中很普遍。然而，存放汇三大业务结合起来进行，形成存汇结合和放汇结合两种形式的，为山西票号所独有。如票号的某一客户在甲地，其在乙地的分庄缺资本，商号可以先让乙地的票号付款，商号交一定的利息，之后，商号向甲地的票号交款，这是放款与汇兑的结合；反之，这家商号的分庄有款，而乙地的票号缺资本，乙地的票号可以先收款，然后甲地的票号再向甲地的商号交款，成为汇兑与存款的结合。无论是存汇结合还是放汇结合，均为甲地主动承揽业务。存放汇二大业务的结合，适应了主客双方对资本的需求，有利于资金的高效运用，有利于资金的融通。

山西票号集存、贷、汇兑于一体的业务实践不仅为新式银行的创立和发展提供了业务借鉴蓝本。此外，票号的技术制度、经营管理策略也多为新式银行所吸收。票号还为新式银行提供了专业技术人才和管理人员。如成立于 1897 年的中国通商银行，在内地各省会设立分行号均启用山西票号人员为总管。成立于 1908 年的上海四明商业银行总经理陈薰原为源丰润票号总理。1905 年创办的天津银行学堂，在次年招收的第一批学生 60 名均来自山西票商学徒。山西票号为中国新式银行的创立和发展提供了有利条件。

近百年的中国金融史发展历程中，山西票号以其开创性的业务模式和独特的经营管理策略，影响了中国金融界一个多世纪。票号运营过程中良好的信用体系和道德培育，仍然具有极强的时代启示性。

主要参考书目

成艳萍：《经济一体化视角下的明清晋商》，科学出版社，2013年版。

冯改朵、刘建生等：《西口研究——以杀虎口为中心》，山西经济出版社，2012年版。

刘建生、燕红忠、张喜琴等：《明清晋商与徽商之比较研究》，山西经济出版社，2012年版。

燕红忠：《晋商与现代经济》，经济科学出版社，2012年版。

燕红忠：《中国的货币金融体系（1600—1949）》，中国人民大学出版社，2012年版。

刘建生：《商业与金融：近世以来的区域经济发展》，山西经济出版社，2009年版。

刘建生、燕红忠、石　涛等：《晋商信用制度及其变迁研究》，山西经济出版社，2008年版。

刘建生、燕红忠、王瑞芬等：《山西典商研究》，山西经济出版社，2007年版。

刘建生、刘鹏生、李　东：《回望晋商》，山西经济出版社，2007年版。

刘建生、刘鹏生、燕红忠等：《明清晋商制度变迁研究》，山西人民出版社，2005年版。

刘建生、刘鹏生等：《晋商研究》，山西人民出版社，2005年版。

高增德、刘建生：《晋商巨擘》，山西经济出版社，2005年版。

刘建生：《商谭》，山西经济出版社，2002年版。

刘建生、刘鹏生等：《山西近代经济史（1840—1949）》，山西经济出版社，1995年版。

刘建生：《中国近代经济史稿》，山西经济出版社，1992年版。

……………………………………

山西省商业专门学校编：《晋商盛衰记》，太原范华印刷厂，1923年版。

杨德森：《英格兰银行史》，商务印书馆，1926年版。

张辑颜：《中国金融论》，黎明书局，1936年版。

杨端六：《清代货币金融史稿》，商务印书馆，1936年版。

卫聚贤：《山西票号史》，重庆说文社，1944年版。

陈其田：《山西票庄考略》，华世出版社，1978年版。

渠绍淼、庞义才：《山西外贸志》，山西省地方志编纂委员会办公室，1984年版。

寺田隆信：《山西商人研究》，山西人民出版社，1986年版。

郝延平：《中国近代商业革命》，上海人民出版社，1991年版。

张国辉：《晚清钱庄和票号研究》，中华书局，1989年版。
《中国金融通史》第2卷，中国金融出版社，2003年版。
郝建贵等：《山西金融志》，中华书局，1991年版。
黄鉴晖：《中国银行史》，山西经济出版社，1994年版。
《晋商经营之道》，山西经济出版社，2001年版。
《山西票号史》（修订本），山西经济出版社，2002年版。
《山西票号史料》（增订本），山西经济出版社，2002年版。
张巩德：《山西票号综览》，新华出版社，1996年版。
张正明：《晋商与经营文化》，世界图书出版公司，1998年版。
《晋商兴衰史》，山西古籍出版社，2001年版。
史若民：《票商兴衰史》，中国经济出版社，1999年版。
穆雯瑛主编：《晋商史料研究》，山西人民出版社，2001年版。
杜恂诚：《中国金融通史》第3卷，中国金融出版社，2002年版。
《金融制度变迁史的中外比较》，上海社会科学院出版社，2004年版。
董继斌、景占魁主编：《晋商与中国近代金融》，山西经济出版社，2002年版。
孔祥毅、王森主编：《山西票号研究》，中国财政经济出版社，2002年版。
孔祥毅：《金融票号史论》，中国金融出版社，2003年版。
李燧、李宏龄：《晋游日记·同舟忠告·山西票商成败记》，山西经济出版社，2003年版。
宋鸿宾：《货币战争》，中信出版社，2007年版。
范椿年：《山西票号之组织及沿革》，见《中央银行月报》，1935年。
陆国香：《山西票号之今昔》，见《民族》，1936年。
卫聚贤：《山西票号之最近调查（续）——股董的合同（股票）及营业报告书（总结清单）》（上），《中央银行月报》，1938年。
《山西票号之最近调查（续）——日升昌各地分号营业报告》，《中央银行月报》，1938年。
刘建生等：《晋商研究述评》，《山西大学学报》，2004年。
燕红忠：《山西票号资本与利润总量之估计》，山西大学学报，2007年。
〔英〕克拉潘姚著，曾廣译：《现代英国经济史》上、下册，商务印书馆，1986年版。
〔意〕卡洛·M.奇波拉著，贝昱等译：《欧洲经济史》，第一卷，商务印书馆，1988年版。
〔英〕M.M.波斯坦主编：《剑桥欧洲经济史》第5卷，经济科学文献出版社，2002年版。
〔美〕查尔斯·P.金德尔伯格著：《西欧金融史》，中国金融出版社，2007年版。

后记

短短百余年，票号走过了其诞生、发展到衰败的整个历史变迁过程。浩瀚无边的历史长河中，票号也许只是沧海一粟，但“山西票号”这个响当当的名字，已经深深地印入了近代中国经济和金融发展的历史画卷，成为中国近代经济发展史上不可或缺的一页。票号作为中国近代银行业的鼻祖，对中国传统金融机构向近代金融机构的迈进起到了良好的过渡作用。

掩卷沉思，一部票商盛衰史，亦是一曲荡气回肠的商帮兴衰之歌。时代的风起云涌，政治的变幻莫测，经济的起伏波动，人物的复杂多变都作为一个个跳动的音符，伴随票商经营的主旋律，相携演绎了百年的金融沉浮。这首激荡起伏的曲子，带领世人飞越大漠古道、驰骋浩瀚草原、横跨滚滚长江、南下梅雨之地，曲调或而悠扬悦耳，或而鳌愤龙愁、千回百转，或而雄壮振奋，或而又悲戚哀呼。伴随清廷风雨飘摇的末世统治，百年金融帝国分崩瓦解，再无回旋之势。票商败，晋商衰。曾经驰骋九州大地的晋省商帮，而后又有多久蜷缩在三晋大院里故步自封？

如今，昔日的辉煌都已付诸云烟，只剩下隐立于三晋大地的一座座深宅大院，述说着那个时代先祖的奋进、勤劳、智慧和富可敌国的财富。推门踏入那高宅大院，脑海里是否掠过乔家先祖意气风发、慷慨激昂于大漠古道的风姿，抑或是一车车真金白银入库时的豪情，更甚兵匪炮火下片片砖瓦的破碎和家族后人的哀叹惆怅。轻抚青苔灰瓦上刻录的条条沧桑，遥想这沧桑里记载着的那数不尽道不完的人、情、景。每片青砖之上，有多少才俊少年满怀意气地从这里走过，又有多少掌柜或喜或忧地匆匆迈过，留下长长的倒影随风幻化。

明清晋商衰落后，到现在所谓以“煤老板”为代表的新晋商的兴起，前后出现了百年的断层。在这百年的断层期，山西人偏安一隅，自娱自乐，沉静在小富即安的保守型生活里，不思进取，在自己既定的框架内不断自我封闭，在墨守成规中一次次与发展的机遇擦肩而过。老晋商身上所具有的开拓创业精神已经消弭殆尽，新晋商身上除了老辈们的血液流淌和一点点的黄河文化底蕴的影响外，其他老晋商的优良品质和传统已经再无踪迹。守着资源营生，已经成为现今山西人的特征。老晋商身上所体现出的超前的思想理念，积极主动地进行制度创新的意识，敢为天下先的远见和胆识，汲取创新图强的进取精神，大胆突破、与时俱进和同舟共济的精神，是现今企业需要倡导和不断学习的。

回顾历史，缅怀先人，汲取精华，延续传统，开启后人反思和奋进的源泉。

跋

明清晋商在中国商业舞台上活跃的时间之长、影响之大，是空前的。然而历史的车轮无情地碾过那段令人激奋和无奈的岁月，只留下斑驳的记忆和深深的叹息。如何重拾昔日辉煌、重振晋人精神，如何改变百年封闭思想、形成晋人与时俱进的理念，如何挖掘历史文化遗产、实现文化强省，如何改变外界对山西的偏见、重塑山西的时代形象，成为当代有识之士急于破解的难题。

在国家日益重视文化对社会发展的重要意义的背景下，正值山西省省委、省政府大力推动文化产业发展的良好历史机遇，2008年初夏，时任山西教育出版社社长的荆作栋以敏锐的市场把握和独特的文化视角，结合晋商出版物的现状，将晋商文化的挖掘和传承作为出版工作的一个切入点，提出做一套能全面展示晋商文化图书的出版思路；山西大学晋商学研究所近二十年来一直致力于晋商研究，曾先后出版相关专著十余部，发表相关论文二百余篇。鉴于此，张沛泓、杨文两位编辑在多方调研和充分论证的基础上，最终确定与山西大学晋商学研究所合作，以《晋商五百年》丛书的形式，将近年来晋商在各方面的研究成果进行整合，以通俗和生动的方式图文并茂地展示给广大读者。山西大学晋商学研究所在深入思考和集思广益之后，决定全力以赴做好这套书。相信这必将有力地推动晋商文化的宣传和普及，更好地满足文化市场发展的需求。

随着晋商研究的深入，晋商学作为一门独立的学科已经粗具规模，其研究的外延亦不断扩大。《晋商五百年》丛书主要从经营行业（盐商、典商、票商、茶商、粮商等）、会馆、家族、教育、公司、建筑、经营、镖局、走西口等方面，对晋商现象进行概括性描述，基本可以反映出明清晋商的全貌。在本丛书的各分册中，对晋商饮食起居、书法戏曲、官商关系、社会公益以及特有的商业习俗等也都有所涉及。

《晋商五百年》丛书十四册的编写历经五年有余，经过出版社同志们的辛勤劳动和各分册作者的共同努力，终于可以付梓出版了。丛书作者为山西大学晋商学研究所、历史文化学院、经济与管理学院、教育学院和体育学院研究晋商学的老师和研究生，他们分别从自己研究的领域和视角对晋商现象进行了介绍。在五年多的编撰过程中，出版社编辑和作者两方多次探讨，反复修改，几易其稿，达成共识；特别是在丛书整体的文字表达上，尽量使用通俗的描述语言，并配以内容丰富、形式多样、涉及范围广的“延伸阅读”，让各册内容更加丰满，知识涵盖面更加广泛。在此，对各位著作者的辛苦工作表示敬意。

山西教育出版社编审委主任张沛泓、项目部主任杨文在本丛书的论证、策划、立项、组织等方面做了大量工作，并在成书的过程中积极推动，在此对她们的敬业精神表示钦佩。各册责任编辑为使图书更加美观形象、内容更加生动丰富，通过各种渠道搜集和拍摄了大量图片，下了很大功夫，也付出了很多心血。山西教育出版社美术编辑刘志斌在丛书的装帧设计、正文图片的统筹和编排等方面做了大量工作。在此对山西教育出版社相关领导和编辑们的敬业精神和辛苦工作表示崇高的敬意和衷心的感谢。

在本丛书的编写过程中，我们参考了大量学界前辈和研究同仁的研究成果，但囿于体例和篇幅限制，不能全部一一标列，在此对各位作者表示诚挚的感谢和深深的歉意。由于本丛书有的分册是师生合作编撰，其中在结构安排、行文内容等方面还有一些尚需斟酌之处，恳请各位读者指正和谅解。

刘成虎

于山西大学晋商学研究所

鸣 谢

为全面形象地宣传、展示晋商文化，本丛书在编辑出版过程中编配了一些相关图片，我们希望取得摄影者的授权，但囿于时间、条件的限制，部分图片未能事先与摄影者取得联系。在此，我们对相关摄影作品的作者表示歉意并恳请能及时与我们联系。本丛书图片的提供者有梁铭、荣浪、薛菲、刘志斌、高春平、刘成虎、刘映海等，并得到北京晋商博物馆、山西财经大学晋商博物馆、山西省博物院、太原晋商博物馆、山西近代矿史研究会、保晋公司纪念馆等单位的大力支持，在此一并致谢！